한문(漢文)을 바로알자

-동이족(東夷族)의 문화(文化)를 기다리며-

한문(漢文)을 바로알자
-동이족(東夷族)의 문화(文化)를 기다리며-

천명일 지음

지혜의나무

목차

서 문

필자가 이두문(吏讀文)인 한문(漢文)의 모든 것을 여기서 밝히면서 한 가지 부탁의 말씀이 있습니다.

이 책만은 그 의미와 철리가 너무나 심심 미묘합니다. 그렇기 때문에 고금을 통하여 그 누구도 간섭을 해보지 못한 이야기들입니다.

그러므로 지극히 편안한 마음으로 사랑방 이야기책으로 읽어 주셨으면 합니다.

왜냐하면 필자가 여기서 밝히고 있는 이야기들은 모두 해인사 대장경 안에 갈무리되어 있는 이야기들로서 다만 필자가 쉬운 우리말로 이야기 식으로 풀어 놓은 것이기 때문입니다.

필자는 여기서 저 코로나도 제 스스로 물러가는 지혜를 밝혀 두었습니다. 보다 소중한 지혜는 고대로부터 아시아권에서 공통적으로 사용해 온 제 나라 제 조상의 글인 한문(漢文)의 뜻 속에 모든 것이 감추어져 있음을 여기서 다 밝혀 두었습니다.

정말로 이 나라에 진정한 학자와 올바른 정치가가 혹이라도 있다면 당연히 믿고 받들어 봉행할 것을 확신하면서 기대와 함께 이제 이 늙은이도 가야할 침묵 속에서 조용히 붓을 놓겠습니다.

안녕, 감사합니다.

천명일 합장

1
삼면(三面)을 보는 눈

저 높은 천상에는 마혜수라(摩醯首羅) 천이라고 이름하는 천신들이 사는 하늘이 있습니다.

그들은 지구촌 사람들과는 달리 모두가 눈이 셋으로 양 눈썹 사이 미간에 눈이 하나 더 있습니다.

그래서 그들은 일체의 만법이 삼위일체로 텅 비어 있음을 주시해 보면서 모두 평안하게 잘들 살고 있습니다.

그러므로 그들의 몸과 마음과 환경은 항상 조용하고 고요해서 늘 평화롭습니다.

하지만 지구촌 인간들은 눈이 둘밖에 없습니다. 그

래서 마음은 항상 두 쪽으로 분리가 되어 있습니다. 분리된 그 마음들이 지구촌을 이 지경으로 죽느냐 사 느냐 하는 전쟁터로 만들어 놓았습니다.

심지어 사람의 지능까지도 맞다(○) 틀리다(×)로 시 험을 해보는 세상이 되었습니다.

일체 만법 가운데 맞고 틀리다로 분리될 수 있는 것 은 아무것도 없습니다.

확실한 논거로는, 만약 누가 '돌'을 보고 "물이다, 불이다, 흙이다"라고 했을 때 어느 쪽이든 다 옳은 말 이 됩니다.

왜냐하면 돌은 고열에 녹으면 자연히 물이 되고, 서 로 마주치면 자연히 불꽃이 일어나고, 돌이 삭으면 저 절로 흙으로 돌아가기 때문입니다.

그러므로 사람들이 이렇게 삼면(三面)을 잘 이해를 하면서 산다면 나도 저도 세상도 두루 다 태평해질 것 입니다.

그런데 일찍이 전쟁 역사는 그나마 인류가 가진 두

개의 눈마저 한쪽 눈을 멀게 해버렸습니다.

왜냐하면? 활이나 총을 잘 쏘자니 한쪽 눈은 반드시 감지 않고서는 초점을 맞출 수가 없기 때문입니다. 그래서 전쟁광들은 마침내 온 인류를 외눈박이로 만들고 말았습니다.

일찍이 공자께서는 이 같은 외눈박이 세상이 될까봐 보다 높은 차원에서 사서삼경(四書三經) 중에서도 중용(中庸)을 후학들에게 소중히 전해 주셨던 것입니다.

그러면 그 중용(中庸)의 참 뜻은 무엇일까요?

'상호보완적(相互補完的) 인간관계(人間關係)의 의식(意識)의 꽃 피움'입니다.

그렇다면 과연 '상호보완적(相互補完的) 인간관계(人間關係)의 의식(意識)의 꽃'은 어떻게 피울까요?

쉬운 우리말 상식으로는

"누이도 좋고 매부도 좋고 나도 좋은 화목(和睦)의 지혜"입니다. 그 화목(和睦)의 지혜가 바로 중용(中庸)입니다. 누구나 이렇게 삼면(三面)을 보고 사는 중용(中

庸)의 세상이 된다면 얼마나 좋겠습니까?

그렇다면 우리의 삶 속에서 과연 그 중용(中庸)의 지혜(智慧)의 꽃은 어떻게 피울 수가 있을까요?

자유(自由)는 중용(中庸)의 꽃

지난해는 추미애 전 장관 아들의 병역 문제로 세상이 떠들썩했던 한 해였습니다.

요새 세상은 전부 남 탓입니다. 남 탓을 잘해야만 청와대도 가고 출세도 하니깐 누가 하기 쉬운 남 탓을 아니 하겠습니까?

이렇게 세상은 남 탓인 '타유(他由)'가 '자유(自由)'로 완전히 전도되면서 온 세상은 이 지경으로 다 미쳐 버렸습니다.

나 때문이란 '자유(自由)'를 너 때문인 '타유(他由)'로 완전히 전도시킨 주범은 이 나라 대권주자들입니다.

저 미친 패권주자들이 제 탓인 '자유(自由)'를 저놈 탓이란 '타유(他由)'로 완전히 전도를 시켜 버렸습니다. 저 정치꾼들의 몰상식한 언어망발로 말미암아 나 때문이란 '자유(自由)'가 완전히 저놈 때문이란 '타유(他由)'로 미쳐버리고 말았습니다.

그런데 큰 문제는 저 미친 정치꾼도 아닙니다. 필자는 너무나 가슴이 떨립니다.

세상에 깨알같이 많은 저 대학들의 석사, 박사들은 도대체 무엇을 하는 양반들입니까?

어째서, 왜 꿀 먹은 벙어리들입니까?

그리고 더더욱 답답한 것은 성균관의 유생(儒生)들입니다.

정말로 한문의 '자유(自由)'가 남 탓인 '타유(他由)'입니까? 혹 지금 필자가 '자유(自由)'를 잘못 알고 있단 말씀입니까?

돌아가신 김 추기경께서도 저 미친 정치꾼들이 날이면 날마다 내 탓인 '자유(自由)'를 남 탓인 '타유(他

由)'로 물어 씹는 현실이 얼마나 안타까웠으면 '내 탓이오'란 표어를 만들어가지고 전국의 택시 기사들의 뒷좌석 유리판에다가 붙이고 다니게 하셨겠습니까?

석가세존께서는 '자유(自由)'의 정의를 『열반경(涅槃經)』에서 게송으로 잘 밝혀두셨습니다.

일체 자유(一切自由)면 자재안락(自在安樂)이요
일체를 내 탓이요 하면 스스로 안락하고
일체 타유(一切他由)면 자재고뇌(自在苦惱)라
일체를 네 탓이요 하면 스스로 괴롭게 살리라.

분명 자유(自由)란? '나로 비롯해서'란 뜻입니다. 우리말로는 '나 때문에'입니다. 그러므로 남을 탓하는 타유(他由)하고는 어불성설(語不成說)입니다.

바로 이 자유(自由)의 지혜(智慧)가 곧 중용(中庸)입니다.

추미애 전 장관께서 아들의 병역문제로 국회와 나

라가 물고 늘어졌을 때 바로 자유(自由)의 지혜인 중용(中庸)으로 답변을 하셨다면 금방 천하는 조용해졌을 것입니다.

누구나 살다 보면 참 좋은 절호의 기회를 잘 놓칩니다. 이때 추미애 장관님께서 중용(中庸)의 지혜로 답변을 이렇게 하셨더라면 해서 말씀을 드립니다.

"글쎄 말입니다. 세상에 자식 농사만은 제 뜻대로 잘 안 되었나 봅니다. 그 허물은 모두 부모인 저에게 있습니다. 그러므로 사랑하는 장병 여러분과 저를 무척 사랑하다 못해 깨우쳐 주시는 의원 동지 여러분과 그리고 존경하는 국민 여러분께 진심으로 사과의 말씀을 드립니다. 모두가 제 불찰입니다."

이렇게 한마디만 중용(中庸)의 지혜로 답변을 하셨더라면 아마도 천하는 과연 "법무부장관 감이로다." 하고 박수갈채를 보냈을 것입니다.

어째서냐고요? 고금 없이 온 인류의 양심에 꽃비가 내렸기 때문입니다.

그 꽃비는 무엇이냐고요? 인류 역사상 그 누구도 자식농사만은 자랑할 만한 성인도 영웅도 범인도 졸부도 있을 수가 없었기 때문입니다.

그리고 또 법난의 문제만 해도 그렇습니다.

추미애 법무부 장관님께서 "법은 법대로 법을 잘 지키느냐? 잘못 지키느냐의 문제이지 개헌의 문제는 결코 아닙니다."라고 한마디만 하셨더라도 저 법가(法家)의 종조(宗祖)이신 한비자(韓非子) 할아버지께서 묘지에 누워 계시다가 벌떡 일어나 번개같이 한국에 달려 오셔서는 예쁘기도 하신 추미애 장관님을 꼭 품어 안아 주셨을 것입니다.

왜냐고요? 법가(法家)의 종조(宗祖)이신 한비자(韓非子)께서도 생을 두고 하신 말씀이 있습니다. 법(法)이 너무 복잡하게 많아지면 마치 잔그물에는 큰 고기는 안 걸리고 잔고기만 걸리듯이 저 가련한 백성만 죽이는 악법이 된다고 늘 말씀하시다가 그 할아버지도 역시 자신이 만든 법망에 자신이 걸려서 세상을 떠나셨습니다.

　바로 이것이 삼면(三面)을 보는 중용(中庸)의 지혜입니다.

　또 만약에 말입니다. 지금 바로 내 코앞에 철천지원수가 앉아 있다고 가정을 해 봅시다.

　그때에 내가 먼저 그를 찾아가서 그 원수에게 이렇게 말을 합니다.

　"나는 당신을 보면 분하고 원통해서 당신을 단박에 죽이고 싶습니다. 하지만 내가 당신을 죽이고 나면 내 마음은 당신을 죽이고 싶어 했던 그 분한 마음보다도 내가 더 괴롭고 내가 더 몹쓸 인간이 될까 봐서 더 무섭습니다. 이런 저를 지켜보시는 당신도 정말 제가 싫고 밉겠지요? 미안합니다. 안녕"

　이렇게 말했다면 과연 이 모양을 지켜본 세상과 저 앙숙지간으로 만난 그 두 사람의 심경은 어떠했을까요?

아마도 지구촌에는 놀라운 경사가 일어났을 것입니다. 그 놀라운 경사란? 유구한 시간 속에서 어쩌다가 각자(覺者)가 세상에 탄생할 때에만 딱 한 번 핀다고 하는 저 우담발화 꽃이 세상에 핀 경사입니다.

사실은 필자는 사서삼경(四書三經) 중에 있는 중용(中庸)이란 책을 가지고는 있으나 한 페이지도 읽지를 못했습니다.

왜냐하면요? 흡사 숱한 대학에서 대학(大學)의 정의를 모르듯 저 중용의 책 속에는 중용의 뜻이 없기 때문입니다.

저 대학(大學)은 '대방광학(大方廣學)'의 법문에서 앞의 '대(大)' 자와 뒤의 '학(學)' 자만을 따서 '대학(大學)'이라 했습니다. 또 그 '대방광학(大方廣學)'에서 '방광(方廣)'의 뜻을 별도로 취하여 형이상학으로 사각모(四角帽)를 만들어 쓰고 졸업도 합니다.

하지만 학생도 교수도 생각 한 번도 못해 보고 살다

가 구처 없이 갑니다.

또 저 예수님의 지고한 영적 깨달음을 묘설해 놓은 '산상수훈(山上垂訓)'도 매한가지입니다.

그 깨달음의 산상수훈도 일반 신행자들의 훈고학으로 기록이 되어 있습니다.

그뿐만이 아닙니다. 공자님도 그렇게 사랑을 하셨다는 중용(中庸)도 중용의 책 속에는 중용의 냄새도 없습니다.

그래서 필자는 손끝에 흙을 멀리하는 검은 글씨의 학문의 길을 버리고 지옥과 같은 삶의 현장에서 모든 학문과 팔만대장경의 참 뜻을 다 보았습니다. 또한 예수님도 시장 골목에서 만나 보았습니다.

그러므로 저 '중용(中庸)'의 참뜻도 삶의 현장에서 다 보고 다 듣고 다 배웠습니다.

20대에 버스를 타고 논산 쪽으로 가고 있었습니다. 그때의 여객 버스들은 항상 만원이었습니다. 보통 인원 초과의 만원이 아니라 버스의 배통이 터지도록 사람들로 꽉꽉 찼습니다.

　그렇다 보니 버스를 탔다 하면 남녀노소 그 뉘라 할 것 없이 콩나물시루처럼 서로 막무가내로 달라붙어서 기름을 짰습니다.

　그때에 어떤 젊은이가 엿방티를 머리 위로 들어 이고서 "엿 사이소!" 하고 소리치면서 복잡한 버스의 승강구로 올랐습니다.

　올라타면서 건장한 청년이 빈틈을 좀 찾느라고 승객들을 심하게 밀치는 바람에 차내의 승객들은 태풍 맞은 갈대처럼 앞뒤로 휘청거리며 쓰러질 것 같았습니다.

　그때 안쪽 어느 한 구석에서 "사람잡네에" 하면서 아우성을 쳤습니다. 5,60대의 전라도 토박이 사투리를 심하게 쓰시는 어느 여인의 목소리였습니다.

"에쿠머니나! 몹쓸 씹구멍으로 나온 어느 잡놈이 사람 잡네!"

하더니만 욕이란 욕은 어찌 그리도 줄줄 쏟아 붓든지 웅성거리던 승객은 뜻밖의 심한 욕설에 놀란 나머지 갑자기 의식을 잃은 듯 조용했습니다.

너무나 듣기도 냉혹한 악담에 어의가 없어서 모두 저마다 꽁꽁 얼어붙었습니다.

차마 귀로 다 담아들을 수도 없는 쌍욕을 너무나 지나치게 폭포처럼 쏟아 부었습니다.

무슨 날벼락을 맞아죽을 놈이란 둥 하면서 전라도 토박이 사투리 쌍욕 폭탄에 모두 정신을 잃고 야릇하게 굳어 있었습니다.

그때에 좀 이상한 아낙네의 형편없는 욕설 폭탄을 사정없이 얻어맞고 밖으로 힘없이 나가던 건장한 젊은이가 끊임없이 퍼붓는 욕설에 엿방티를 다시 머리 위로 이고 차 칸으로 재차 올라탔습니다.

차 안으로 어찌 어찌 조금 들어와 서서는 어드메

쯤 뉘신지도 보이지도 않는 쪽의 그 여인을 향해서 낮은 목소리로 침착하게 이렇게 한 말씀을 곱게 올렸습니다.

"어머니, 어머님의 아들이 밥 좀 먹고 살겠다고 옆방티로 좀 밀었다고 해서 그 어머니가 그 아들에게 그렇게도 몹쓸 쌍욕을 하실 수가 있겠습니까?"

"아! 하아~~~"

순간 승객들의 가슴에서 저도 몰래 터져 나온 감탄사였습니다. 너무나 뜻밖의 쾌재의 감탄사였습니다. 잔뜩 여객들을 싣고 서있던 덩치 큰 쇳덩이 버스도 감탄의 진동으로 뒤뚱 했습니다.

필자는 이 순간 중용(中庸)의 무량한 의미와 무량한 철리(哲理)가 눈앞에 환히 다 보였습니다.

이렇게 삼면을 보는 중용(中庸)의 지혜가 그때 지옥과 같은 삶의 현장에서 필자의 각성에는 중용(中庸)의 실상이 환히 다 보였습니다.

알라! 실제로 저 중용(中庸)이란 책 속에는 저 젊은 이의 중용(中庸)의 지혜는 냄새도 없습니다.

있다면 무지막지한 중생들의 사념망상이 뒹굴고 있습니다. 어디 중용(中庸)이란 책뿐이겠습니까. 저 웅장한 도서관의 수 만 권의 책 속에도 아무것도 없습니다. 있다면 검은 글씨가 있을 뿐입니다. 정직하게 말씀을 드리면 꽃은 꽃인데 모두 씨앗이 없는 조화일 뿐입니다.

그래서 필자는 일찍이 학원의 길을 포기했습니다. 오직 소립자 분의 -18승을 지나 그 심자(心子) 분의 -11승에 있는 흙의 무량한 공덕장으로 들어갔습니다.

그 무량한 공덕장(功德藏)은 무진(無盡) 난행(難行) 고행(苦行)의 길입니다. 그래서 남들이 다 가야 하는 군대도 내가 왜? 피합니까! 그래서 오지 말라는 군에도 자원을 해서 30대에 제대를 했습니다.

또 왜? 남들이 다 하는 인생의 고달픔을 내가 왜 피합니까?

그래서 산사(山寺)와 교당(敎堂)을 멀리하고 더불어 함께 사는 세속에서 해인사(海印寺) 장경(藏經) 안에 있는 삼매선정(三昧禪定)도 맛보았고, 저 교당의 십자가에 늘 서 계시는 예수님도 시장 골목에서 만나 보았습니다.

2
신주(神呪)와 주문(呪文)

전쟁밖에 모르는 세계사는 진작 인류를 두 눈마저도 한쪽 눈은 꼭 감게 해버렸습니다. 그래야만 전쟁을 일삼는 정치도 잘하고 세상을 살아가기도 편하니깐 그렇겠지요.

　이 모양으로 지구촌이 외눈박이 전쟁터가 되다 보니 세계사는 전부 혈서로 기록이 되어 있습니다. 보세요! 이제 저 외눈박이 인생의 최후의 재난이 이미 코앞에 다가와 있습니다.

　그것은 코를 막고 다녀야 하는 코로나입니다. 코로나는 고등동물들이 쏟아내 놓은 욕정의 악취에서 발생을 합니다.

금세기 인류가 쏟아 내놓은 성 호르몬의 악취에서 신종 바이러스가 온 세상을 죽음의 병동으로 지금 만들어 놓고 있습니다.

그 원인은 뭇 인간들이 한 구멍에만 미쳐서 사는 외눈박이 인생들의 욕정 때문입니다. 그 욕정의 정액이 썩어서 내는 집단 암내가 코로나의 천국입니다.

필자가 의학 전문 박사들께 조언하는 바는 지금 당장 집단 군중의 악취를 전자 장비로 검사를 좀 해 보시란 얘기입니다.

그래야 코로나를 막든지 죽이든지 하는 백신을 제대로 개발을 할 수가 있지 않겠습니까?

모든 악취의 실체는 모두가 세균 바이러스 같은 병균입니다.

그 병균들은 애욕의 악취에서 발생을 합니다. 실제로 번뇌 망상은 바이러스 같은 병균들입니다.

그런데 지금 코로나의 바이러스만은 유독 인간들의

몸에서 욕정이 썩어서 내는 암내에서 발생을 합니다. 그 악취는 아메바 같은 신종 바이러스입니다. 그래서 지금도 사람들이 좀 모였다 하면 벼락같이 코로나가 우후죽순처럼 기승을 부립니다.

이와 같은 불치의 역병은 옛날 목향이나 흔해 빠진 약쑥을 집단 공간에다가 태워서 그 연기로 정화를 시키면 저절로 어떤 바이러스도 소멸이 됩니다.

그보다도 더 신성한 깨달음의 묘약이 있습니다. 그것은 성불하신 부처님들이 진리의 삼대원칙 중에서 허망하게 발생하는 망리(妄理)의 징크스를 다스리기 위하여 설해 놓으신 신비의 묘약입니다.

그 신비의 묘약은 신주(神呪)와 주문(呪文)입니다.

불문(佛門)에는 신비의 묘약만 다루어 놓은 밀교경전(密敎經典)이 별도로 있습니다.

신주(神呪)에는 '수능엄신주(首楞嚴神呪)'가 제일입니다. 하지만 일반 사람들은 읽기도 만만치 않습니다. 그래서 간단히 외울 수 있는 진언(眞言)을 여기에 소개를 해 둡니다.

나무 관세음보살 육자대명왕진언(南無 觀世音菩薩 六字大明王眞言)

"옴·마·니·반·메·훔"

주문(呪文)이나 신주(神呪)는 모든 제불이 육근(六根)으로 큰 광명을 놓고서 설했다고 해서 '육자대명왕진언(六字大明王眞言)'이라고 합니다.

그래서 모든 신주(神呪)나 진언(眞言)은 모두 부처님이 불가사의한 대광명을 놓고서 설하셨기 때문에 진언(眞言)과 신주(神呪)를 외우는 사람들의 몸과 마음에는 자연히 불가사의한 광명이 일어나게 됩니다.

그렇다면 "우리들 눈에는 왜 아니 보이느냐?"고 묻는다면, 태양의 빛도 제대로 못 보는 눈을 가지고 태양 빛보다도 십조 배나 더 밝은 빛을 어떻게 보느냐고 되묻고 싶습니다.

지금 이 나라에 어머니 같으신 정 총리께서도 국민의 아픔을 가슴 아파 하시면서 눈물을 흘리시는 부모님의 마음을 모두가 보았을 것입니다.

항차 부처님이나 예수님의 마음은 어떠하시겠습니까. 제발 똑똑한 체들 하지 마세요.

필자가 더 이상 진언(眞言)과 신주(神呪)를 과학적 논거로 그 신비를 밝히지는 않겠습니다.

그러나 너무나 애가 타서 당부를 해 둡니다.

마치 저 어린 아이가 실로 병이 무엇이고 약이 무엇인 줄도 전연 모르지만 부모가 주는 약만 받아먹으면 저절로 병이 낫는 것과 같습니다.

아, 보라! 유아들에게 약을 먹이는 부모의 사랑의 묘약과 같은 것이 신주(神呪)와 주문(呪文)입니다.

그러므로 항상 외우고들 살라! 살다가 보면 만사가 저절로 두루 태평해 지리라.

저 불가사의한 진언(眞言)과 신주(神呪)의 무량한 공덕은 흡사 아무것도 되지 않는 냥 다 되어지는 것이 저 진언(眞言)과 주문(呪文)의 불가사의입니다.

또 옛 어른들의 말씀에도 세상에는 약이 안 되는 것은 아무것도 없다고들 하셨습니다.

그렇다면 단군설화(檀君說話)에도 등장하는 저 약쑥이 그냥 무심할 것 같습니까?

지금 온 인류가 다 좋아들 하는 휴대폰 재료는 돌에서 뽑은 실리콘입니다. 그 실리콘으로 반도체를 만들어서 300만 분의 일mm 정도의 전자파를 굴립니다. 그래서 그대들의 손안에 든 휴대폰에는 조 단위의 숫자가 왔다 갔다 합니다. 그런데 그 조 단위의 숫자에도 꼼짝을 못하고 사는 주제에 하물며 저 소립자 분의 -18승에 있는 마음을 뛰어넘어서 그 심자(心子) 분의 -21승에 있는 무량 복덕장에서 흘러나온 신비의 주문을 저 중생들이 어찌 믿고 말고 할 문제가 되겠습니까?

그냥 이 할아버지의 말씀을 믿고 육자대명왕진언(六字大明王眞言)을 열심히 외워들 보세요. 그러면 나고 죽는 생사도 벗어던지는데 하물며 저 가당치도 않는 코로나 같은 역병 얘기가 어디에 있겠습니까?

아무쪼록 이 할아버지의 법문이나 잘 기억해 두세요.

나무 관세음보살(南無 觀世音菩薩)

육자대명왕진언(六字大明王眞言)

"옴·마·니·반·메·훔"

자나 깨나 항상 외워 두세요.

안녕

3

혜안(慧眼) 얘기

혜안(慧眼)은 마음을 벗어 던진 분들의 눈입니다.

　마음을 벗어 던지고 나면 묘각(妙覺)의 빛 각성의 눈이 확 열립니다.

　그래서 성인들은 과거(過去)와 현재(現在)와 미래(未來)도 환히 다 내다보십니다. 이 같은 눈을 혜안(慧眼)이라 합니다. 그러므로 사람의 마음을 사물을 보듯 하고 그 사람의 전생과 현생과 죽어서 갈 내생까지도 환히 다 봅니다. 이를 혜안(慧眼)이라 합니다.

　저 성인들의 혜안(慧眼)으로 보면 같은 동성끼리 붙어서 성행위를 하면 한 몸에 대가리가 둘 달리는 기구망측한 신세가 되는 모습도 환히 다 봅니다.

또 같은 혈족끼리 붙어서 그 짓을 하면 각별하게 몸을 받아서 태어나는 쌍둥이로 태어남도 봅니다.

또 저 중생들이 자위행위로 회포를 푸는 수음(手淫)을 짐짓 즐기면 반드시 손가락을 안으로 굽혀서 떠는 파키슨씨병과 손가락을 밖으로 내어 젓는 수전증이 옵니다.

이렇게 기구망측한 신세들은 비록 극소수로 있지만 그래도 이 같은 신세가 단 한 사람이라도 있으면 자비로우신 성인들은 그냥 두고 보고만 계시지를 못합니다.

그래서 공자님은 남녀가 7세가 되면 한자리에 같이 앉지도 못하게 하셨습니다. '남녀칠세부동석(男女七世不同席)'이라 하신 말씀입니다.

부처님과 예수님은 아예 남녀를 각별히 별거를 시켜 놓았습니다. 왜냐하면? 여인이 남자의 몸을 받아 태어나려면 1억 6천만 년은 더 공덕을 지어야 하기 때문입니다.

고려 태조 왕건의 스승은 유명한 도선(道詵) 국사(國師)입니다. 그리고 조선의 태조 이성계의 스승은 무학(無學) 대사(大師)입니다. 저 두 분은 모두 남다른 혜안(慧眼)을 가지고 계셨습니다.

그래서 도선(道詵) 국사와 무학(無學) 대사는 천년 후사를 손바닥에 손금처럼 환히 다 내다보신 기록이 있습니다.

태조 이성계의 스승이신 무학 대사는 조선의 수명은 28대가 된다는 은유묘사로 '창(蒼)'덕궁(德宮)과 '창(蒼)'경궁(慶宮)의 '창(蒼)' 자에다가 28대까지 간다는 뜻으로 '창(蒼)' 자를 썼습니다.

저 푸를 '창(蒼)' 자를 파자로 풀어보면 28군(二十八君)이 됩니다. 물론 후일 정도전(鄭道傳) 선생이 '창(蒼)' 자의 불길함을 알고는 '창(昌)' 자로 바꿔 놓았습니다만 28대에서는 일본 정치꾼들이 모셔가는 바람에 고종은 고국을 그리워하시면서 조국의 이름을 얼마나 불렀겠습니까?

다 알고 보면 그 '창(蒼)' 자나 저 정도전이 고쳐 부른 '창(昌)' 자가 무엇이 달랐습니까?

필자가 왜 이 자리에서 이런 말씀을 하느냐 하면요, 근세에 우리나라 학자나 정치지도자들은 한결같이 모시는 스승이 없습니다.

세상에 자신들이 대권을 잡으려고 몸부림을 칠 때에는 온갖 전승귀가 붙은 무속도 누군가는 찾아도 다녔습니다. 그 무속들의 입에서 나온 의미유추의 언어 망발을 듣고서는 제 조상의 산소도 옮겼고 멀쩡하게 잘 살던 집도 소문난 명당으로 옮기기도 했습니다.

그런데 어째서 나라를 다스리는 지혜를 묻고 들을 스승은 왜 없단 말입니까?

대권의 야욕을 펴려고 할 때에는 진리(眞理)의 삼대원칙(三大原則) 중에서 망리(妄理)의 징크스를 그렇게도 무서워들 했습니다.

그런데 바른 정치의 지혜를 물을 스승에 대해서는

어찌 그리도 무관심들 하시나요?

세상에 천박한 권모술수(權謀術數)로 나라가 태평해집디까? 저 일본이나 중국의 정치지도자들은 자신들이 모시는 스승이 다 있다는 얘기를 들었습니다. 그런데 우리나라 정치지도자들이 스스로 모셨다는 스승 얘기는 못 들었습니다.

만약 정치지도자가 스승이 없다면 사악한 아집과 교만으로 결국 국사를 망치고 맙니다.

그러니 자연히 거짓말을 손바닥 뒤집듯 할 수밖에 없겠지요?

그래서 배운다는 뜻의 '배울 학(學)' 자의 본래 뜻은 보여준다는 의미로 '뵈올 학(學)' 자입니다. 그러므로 축생들은 굳이 유치원이나 교육기관이 없어도 자식은 어미 애비를 다 닮습니다.

그러므로 인류의 교육도 배우는 것이 아니고 부모와 스승이 보여주는 '뵈올 학(學)' 자가 되어야만 옳은 학자(學者)가 됩니다.

그러므로 내가 먼저 몸소 실천 봉행을 하는 의식혁명이 옳은 정치개혁입니다.

그런데 보세요. 옳은 정치개혁(政治改革)의 적폐청산(積弊淸算)은 과거의 쓰레기를 미루어 보아 현재를 새롭게 하고, 현재의 맑고 밝음을 미루어보아 미래를 거룩하게 장엄한다는 뜻이 본래의 적폐청산(積弊淸算)의 뜻입니다.

그런데 지금 적폐청산(積弊淸算)을 보세요.

쓰레기는 쓰레기장에만 갔다가 버리면 그것이 적폐청산이란 이 같은 몰상식으로 지금 두 대통령을 교도소에다가 모셔놓고 있지를 않습니까?

만고에 이런 적폐청산(積弊淸算)이 고사에 어디에 있었단 말씀입니까?

삼세제불(三世諸佛)도 시간(時間)은 뒤집지를 못한다고 하셨습니다. 그래서 『금강경(金剛經)』에서 말씀하시기를 "과거심불가득(過去心不可得)이요 현재심불가득(現在心不可得)이며 미래심불가득(未來心不可得)"이라고 하셨습니다.

　그런데 무슨 재주로 시간을 뒤집겠다고 지금도 과거를 물어 씹고들 있습니까?

　필자가 들은 이야기가 있습니다.

　저 유명한 김종필 씨가 장개석 총통의 초대를 받고 대만을 국빈으로 방문을 하신 일이 있었습니다.

　그때에 총통의 대접이 처음은 융숭했는데 돌아올 시점에는 좀 푸대접 같은 느낌이 들었다고 합니다. 그래서 배웅 나온 의전에게 물어보았다고 합니다. 어째서 초대와 송별의 맛이 좀 이상하다고 했더니 그분의 말씀인즉, "장개석 총통의 비서들은 모두 사주(四柱)와 관상(觀相)을 잘 보는 운명철학자들입니다. 그들이 말하기를 종필씨는 영원한 이인자(二人者)로 남을 인물이라고 하셨습니다. 그래서 우리는 각하를 이인자(二人者)의 예우를 갖추었을 뿐입니다."라고 하더랍니다.

　그래서 김종필 씨는 평생을 이인자(二人者)로 조용히 살다가 가셨습니다.

고려 태조 왕건은 우리나라 정치사에서 제일 훌륭한 정치지도자로 손가락을 꼽고 있습니다.

그것은 유명한 도선 국사의 제자였기 때문입니다. 국사(國師)는 지리풍수(地理風水)설의 비조이기도 합니다.

그러므로 조선의 산천 지명은 거의 태반이 국사께서 작명을 하신 이름들입니다. 그래서 천리안으로 천년 후사까지도 환히 내다보시고 지은 이름들이 되고 있습니다.

그 좋은 실례로는 지금 문재인 대통령을 상징한 문산(文山)에서 이북의 김정은 씨와 서로 만나서 조국의 문제를 판단한다는 뜻의 명리가 지금의 문산(文山)에 있는 판문점(板門店)입니다. 사실로 그렇게 되지 않았습니까?

그리고 또 엄청난 세계사적인 사실(史實)로는 지금 철원(鐵原)의 명리입니다. 저 도선(道詵) 국사 때 철원(鐵原)의 본명은 송악(松嶽)입니다. 그 송악(松嶽)을 지금

개성(開城)으로 보내고, 본래의 송악(松嶽)을 철원(鐵原)으로 개명을 했습니다.

그런데 보세요. 지옥의 문이 솔솔 풀리지를 않는다는 뜻의 송악(松嶽)의 개성(開城)은 지금까지도 남북의 문이 닫혔다 열렸다 합니다.

반면 저 철원(鐵原)의 명리는 '쇳덩이의 모듬'이란 뜻입니다. 그런데 보세요, 6. 25전쟁 때 철원(鐵原)에는 전 세계의 쇠란 쇠붙이는 철원(鐵原)에다가 다 쏟아 부었습니다.

공산 제 국가의 쇳덩이하며 유엔 제국의 쇳덩이란 쇠붙이는 강원도 철원에 다 쏟아 부었습니다. 이 같은 역사적인 사실(史實)을 이미 신라 말 고려 초에 도선 국사는 예견을 하셨습니다.

철(鐵)의 무덤이란 뜻으로 철원(鐵原)이라고 개명을 하셨던 것입니다.

더더욱 놀라운 사실(史實)이 있습니다.

철원 동송면 비무장지대에 가보면 화개산(花開山)

이란 조그마한 동산이 있습니다. 그 화개산(花開山)이란 이름처럼 막 꽃잎을 피워내는 듯한 모습의 산세입니다.

그 화개산 중심부에 도선 국사께서 직접 창건을 하셨다는 조그마한 암자(庵子)가 하나 있습니다. 그 암자에 옛부터 전해 왔다는 돌 비석이 하나가 있었다고 합니다.

그 비석의 글귀를 그 절의 노승이 필자에게 전해 주었습니다.

아차지처무피란사(我此之處無彼亂寺)
내가 세운 이 절은 피난을 갈 일이 없도다.

란 뜻입니다. 그 뜻의 절 이름이 지금의 도피안사(到彼岸寺)입니다.

필자는 저 도피안사에서 군대 생활을 잠깐 했습니다. 그때 노승이 전하는 돌비석의 글귀는 전설이 되고 있었습니다.

6·25 전쟁 하면 백마낙타고지의 전투 투쟁의 비화를 빼놓을 수가 없습니다. 6·25 전쟁사에서 가장 치열한 전투로 손가락을 꼽고 있기 때문입니다. 그런데 실제로 도피안사를 품어 안고 있는 화개산(花開山) 마루에서 북쪽을 바라보면 저 백마 낙타산 고지가 조금 멀리 바라보입니다.

저 높은 고지에서 밤낮없이 쏟아 부었다고 하는 포탄들이 어찌 해서 화개산 중심부에 있는 절에는 단 한 발도 근접을 못했을까? 하는 사실의 증거들입니다.

지금도 암자를 에워싸고 서있는 천년 고목들이 전쟁비화의 증명법사들입니다. 보다 높고 높은 백마 낙타산 고지에서 쏟아 부었다는 수천수만 발의 포탄들이 어찌해서 화개산 절 안마당에는 단 한 발도 떨어지지를 못했을까?

그저 국사의 천리안에 놀라움을 금치 못할 뿐입니다. 그것도 신라 말 고려 초 그 당시에 국사는 이러한 역사적인 사실을 '아차지처무피란사(我此之處無彼亂寺)' 라고 했으니 말입니다.

"내가 있는 이 절은 피난을 갈 일이 없도다."라고 한 예언문으로 도피안사(到彼岸寺)라 했으니 말입니다.

또 무엇보다도 선행의 공덕으로 하늘이 지켜주는 명당과 훌륭한 사람이 사는 성지의 성역도 있습니다. 그러한 성역은 그 무엇으로도 무너뜨리지 못한다는 예수님의 말씀도 있습니다.

"위인(偉人)이 있는 성은 무너지지 않느니라."라고 하신 말씀입니다.

지금 오사카에 있는 천수각(天守閣) 얘기입니다.

천수각(天守閣)은 대동아전쟁 때 미국이 보복 차원에서 실제로 던진 두 개의 핵폭탄 못지않은 엄청난 폭탄을 오사카에다가 쏟아 부었는데도 지금이나 그때도 천수각(天守閣)은 멀쩡합니다.

그 천수각(天守閣)의 재목은 한국의 봉화(奉花)에서 배어 간 적송으로 지은 집이라 합니다.

필자가 또 봉화군(奉花郡)의 군수에게 부탁을 해 둡니다. 봉화(奉花)란 군명에 '꽃 화(花)' 자를 빼고 '빛날 화(華)' 자로 바로 잡아 주시라는 얘기입니다. 꼭 '봉화(奉華)'로 바로 잡아야 합니다.

　왜냐면, 경북 영주나 봉화에는 신라 때부터 『화엄경(華嚴學)』의 초조 의상 대사(義相大師)가 창건한 큰 절이 몇 군데 있습니다. 그래서 지금도 온 나라가 높이 받들고 있습니다. 저 '화엄학(華嚴學)을 높이 받들고 있었던 고을'이란 뜻으로 봉화(奉華)라 했습니다.

　그리고 또 불교집안에 드리는 얘기입니다.

　의상 대사(義湘大師)의 이름에 '강 이름 상(湘)' 자를 빼야 합니다. 왜냐면 대사는 물가에서 사신 일도 없으려니와 신라 때 계급제도의 악폐가 얼마나 심각했는가를 짐작케 하는 좋은 예로는 지금도 경주시내에 있는 왕릉은 제외하고라도 건천 쪽에 금척(金尺)이라 하는 동산 같은 고분을 모두 보았을 것입니다.

　보세요, 그 시절에 왕족들이 무슨 짓을 했는가를 말

입니다. 의상 대사는 날이면 날마다 중이 되겠다고 찾아온 많은 젊은이들에게 들었습니다. 나라의 부역 때문에 살 수가 없다고 하는 얘기를 말입니다.

그래서 대사는 직접 왕에게 덕치(德治)를 호소도 해 보았고, 직접 상소문도 수차 써서 올린 대사의 기록문도 있습니다.

하지만 저 미친 정치란 고금이 어디 있습니까? 그래서 물 없는 산꼭대기 절벽 밑에서 혼자 숨어 살면서 신라 씨족정치의 부역에 살 수가 없다는 많은 젊은이들을 집으로 돌려보내는 좋은 방편을 썼습니다. 그것이 곧 대사의 천공설화(天供說話)입니다.

천공설화(天供說話)로 누가 봐도 사람이 도저히 살 수도 없는 기암절벽 밑에서 혼자 은거를 하셨습니다. 그러므로 자연스럽게 세상을 멀리하고 사시다가 소문도 없이 조용히 입적을 하셨습니다.

그러므로 대사의 이름에 '물가 상(湘)' 자를 쓴다는 것은 어불성설입니다.

의상(義相)이란 이름의 명리는 무량(無量) 의(義)의 실상(實相)은 곧 무상지(상)(無相之(相))이란 뜻에서 의상(義相)이라 했습니다. 만약 불가(佛家)에서 저 의상(義相) 대사가 세존 당시에 누구인 줄만 안다면 모두가 기절초풍을 할 것입니다.

청와대(青瓦臺)를 청와관(青瓦館)으로

또 저 청와대(青瓦臺) 얘기를 좀 하고 넘어가야겠습니다. 청와대(青瓦臺)란 문자에서 '대(臺)' 자를 잘 보세요. '집 대(臺)' 자를 파자로 풀어보면 '길할 길(吉)' 자 밑에 '밀 멱(冖)' 자를 써놓고 있습니다. 저 '밀 멱(冖)' 자는 사람이 죽으면 그 시체를 담는 관을 뜻하기도 합니다.

그리고 그 '관 멱(冖)' 자 바로 밑에는 이루어지다의 뜻을 가진 '이를 지(至)' 자가 받치고 있습니다.

그렇다면 '대(臺)' 자 뜻은

"길한 사람이 죽어서 관속으로 들어가다"란 뜻이
되고 있습니다.

아, 보라. 저 문자의 메시지가 전해주는 저 문자의
불가사의한 징크스를 감히 누가 어떻게 감당을 할 수
가 있었단 말입니까?

이 나라 백성이라면 누구나 두 눈으로 똑똑히 보았
을 것입니다. 이승만 대통령은 경무대(警務臺)에서 대
(臺) 자로 빚어진 망리의 징크스로 불명예스럽게도 외
국에서 고생을 하시다가 돌아가셨습니다.

그리고 그 누구보다도 박정희 대통령 일가족의 비
운을 보세요. 지금도 박근혜 전 대통령의 피눈물과 이
명박 전 대통령의 아픔은 이 또한 무슨 재변입니까?

지금 저 청와대(靑瓦臺)나 학계(學界)는 이러한 망리
(妄理)의 징크스를 두 눈으로 똑똑히 보고도 어째서 아
무런 생각이 없을까요?

그러므로 앞으로 대(臺) 자를 관(館) 자로 바꾸어 놓

지 않는 한 누가 청와대로 들어가도 문자의 망리의 징크스에는 꼼짝을 못할 것입니다.

이래서 필자는 20대에 박정희 대통령 측근들께 청와대(靑瓦臺)를 청와관(靑瓦館)으로 글자 한 자만 바꾸어 보라고 수차 당부를 해 왔습니다. 하지만 이름 없는 사람의 말이 어디 고금에 통한 일이 있습니까?

하지만 다음 대통령은 저 필요악의 법치가가 아닌 제생구민(濟生救民)의 덕치(德治)로 세상을 다스릴 현군(賢君)이라면 반드시 청와대(靑瓦臺)가 아닌 청와관(靑瓦館)으로 들어가실 것입니다.

그래서 필자는 여기서 진리의 삼대원칙(三大原則)으로 빚어지고 있는 세상만사의 운명철학과 문자나 망어의 징크스로 빚어지고 있는 불가사의를 좀 귀띔해 두고자 합니다.

보다 무서운 문자(文字)의 징크스도 있습니다.

그것은 '계집 녀(女)' 자의 머리 위에다가 감투를 상징한 '망할 망(亡)' 자를 씌우게 되면 단박에 '허망할 망(妄)' 자가 됩니다.

그래서 고인들은 여성의 감투를 몹시 두려워했습니다. 그런데 지금 청와대의 그분들은 여성 성군 정치를 하고 있습니다. 저 문자(文字) 망리(妄理)의 징크스를 그분들이야 믿건 말건 지금 세상을 보세요. 어찌 나라가 망해도 어떻게 이 지경으로까지 망할 수가 있습니까?

근세에 왔다 가신 탄허 스님이 임종 시에 마지막으로 남기신 예언이 있습니다.

앞으로 이 나라에 여성 대통령으로 박근혜가 된다고만 말씀을 하시고는 묵묵부답으로 임종을 하셨다고 합니다.

이래도 저 유식한 학자나 저 정치하는 분들은 남녀 존비사상(尊卑思想)을 함부로 물어씹고 있습니다. 남녀 존비사상(尊卑思想)은 남자는 서서 소변이 가능함으로 존(尊) 자를 붙였습니다.

그래서 존(尊) 자를 잘 보면 남자가 갓을 쓰고 서서 소피를 보는 형상의 문자가 되고 있습니다.

그리고 여성은 반드시 앉아서 소변을 보아야만 안성맞춤입니다. 그래서 낮을 비(卑) 자를 잘 보세요. 여성은 앉아서 소대변을 본다는 뜻으로 낮을 비(卑) 자를 썼을 뿐입니다. 그러므로 인권모독의 존비(尊卑)는 아닙니다. 존비(尊卑)란? 남녀의 생리현상을 문자(文字)의 철리(哲理)로 시사한 가차문(假借文)입니다. 절대로 성차별의 존비사상(尊卑思想) 하고는 별개입니다.

그리고 또 있습니다.

이 나라에 백두대간인 대관령(大關嶺)을 겁도 없이 마구잡이로 굴을 막 뚫어 놓고 있습니다.

아니나 다를까, 저 풍수지리(風水地理)의 망리가 말하는 징크스에 강원도는 단박에 요절이 났습니다.

천하의 명찰로 소문난 강릉의 낙산사(落山寺)가 그 이듬해에 불에 홀짝 다 타버렸습니다.

그런가 하면, 강원도 강릉은 고래로부터 자연 재해가 별로 없었던 고을입니다.

그런데 저 무식한 정치꾼과 돈벌레들이 마구잡이로

굴을 뚫어놓는 바람에 전에 없이 강원도 강릉은 지금
도 불물의 재해가 복구되지도 않고 있습니다.

이는 다 자연의 질서를 잘 잡고 있는 지자기(地磁氣)
장을 훼손시킨 지기 파장의 징크스로 빚어지는 천재
지변(天災地變)의 재앙들입니다.

그리고 또 절대로 먹어서는 안 되는 고기도 있습니
다. 특히 개와 사슴이나 노루 같은 동물은 영물입니다.

필자의 오랜 경험으로 미루어 보면 개고기를 먹은
사람의 대다수가 집안에 재앙이 부절 했습니다. 뿐만
아니라 다수가 암 병으로 고생을 하다가 죽습니다.

왜냐하면? 개나 사슴 같은 영물에는 불가사의한 이
물질이 많습니다. 그 이물질이 사람의 뱃속에 들어가
면 당장에 성욕이 불같이 일어납니다. 하지만 그것은
마약과 같은 환각성 물질에서 비롯됩니다.

그래서 어떤 사람은 개고기나 사슴고기를 먹었을
때에 단박에 전신에 마비성 질환도 오고 혹은 괴이한
정신이상도 옵니다. 자기가 아니면 가족에게 괴변이

일어납니다.

　보다 심각한 문제는 일체중생들을 항상 잘 보살펴 주고 있는 천신들이 떠나가 버린다는 엄청난 불행입니다.

　만약 천신들이 자신을 안 지켜주고 떠났다고 하면 그는 찰나에 하던 사업도 백사불성이 되고 상상도 못했던 재변이 벌떼처럼 달려듭니다. 이것은 다 조건 없이 베풀어만 주던 고마운 천신들이 저들이 먹은 개고기의 지독한 결핵성 비린내로 멀리 떠나가 버렸기 때문입니다.

　　　　　　　　　　　　　　　　안녕

4
세기경(世紀經) 이야기

지금 우리가 살고 있는 지구촌에 사람이 처음으로 두 발을 밟고 살게 된 그 연기설은 세존이 밝히신 『세기경(世紀經)』에 잘 기록이 되어 있습니다.

　그 『세기경(世紀經)』에 있는 내용 중에서 필자가 천상 사람이 퇴화가 되어서 인간이 되었다는 설만을 간략하게 간추려서 쉬운 우리말 얘기로 설명을 해 보겠습니다.

　지금 우리가 사는 지구촌 위로는 삼천대천세계(三千大千世界)라고 하는 무량한 우주세계가 있습니다. 이를 삼천대천세계라 합니다.

삼천대천세계 중에는 백억의 일월이 있습니다. 그 많은 일월의 세계 중에서도 지구촌보다는 월등하게 살기 좋은 '울단월'이라고 하는 지구촌과 비슷한 세상도 있다고 합니다.

지금 이 지구촌 머리 위로는 욕심이 있는 세계라 해서 욕계6천(欲界六天)이 있고, 또 그 욕계6천(欲界六天) 위에 빛으로 장엄이 된 색계(色界)에는 18천(天)이 있습니다. 또 그 색계 18천 위로는 어떤 빛깔도 없는 무색계(無色界)란 4천(四天)도 있습니다. 이를 총칭해서 삼계(三界)라고 합니다.

저 삼계 중에 색계(色界)에는 4선천(四禪天)이 있는데 그 사선천 중에 초선천(初禪天)에 살고 있는 사람들이 지금 지구촌 인간의 시조가 되고 있습니다.

『세기경(世紀經)』에 보면 최초로 지구촌에 사람이 정착을 하게 된 슬픈 얘기가 있습니다.

그 슬픈 얘기만 조금 언급을 해 둘까 합니다.

그래서 필자는 지구촌의 원인진화론(猿人進化論)을

64

근본적으로 부정을 합니다. 왜냐면 육체는 진화가 될 수 있어도 영혼은 물질과 달리 발명은 될 수가 있어도 진화는 불가능합니다.

그래서 필자는 다윈의 원인진화론(猿人進化說)을 뒤집고 천인퇴화설(天人退化說)을 주장하고 있습니다.

필자의 주장을 뒷받침하는 사례로는 저 색계(色界) 2선천(二禪天)에 머물고 있는 속칭 하나님이라 하는 대범천왕(大梵天王)도 성서에서 말씀을 하시기를 "태초에 인간은 나를 닮은 사람을 만들어서 세상에 내놓았다."고 하셨습니다.

그 말씀은 곧 『세기경(世紀經)』의 내용과도 유사성은 있습니다. 처음 색계 초선천의 사람들이 멀리서 지구촌을 바라보니 지구는 흡사 파란 청옥의 구슬과 같이 보였다고 합니다.

너무나 신기한 구슬로 본 하늘 사람들이 호기심에 지구촌에 직접 관광을 왔다가 변고를 당한 슬픈 얘기가 태초의 인류사가 되고 있습니다.

천상 사람들이 지구촌에 관광을 와서 직접 지구촌의 이 구석 저 구석을 살피다가 보니 너무나 환상적이었습니다. 실제로 천상 사람들의 몸은 광자로 되었기 때문에 자유자재로 공중을 날아서 다녔습니다.

나비처럼 마음대로 이리저리 날아서 다니면서 물질로 된 이상한 만초 만화를 보고 일부 천인들은 물질의 빛과 향기와 맛에 매혹이 되었습니다. 견물생심의 유혹에 지상에다가 두 발을 내려놓고 두 손으로 만상을 만져도 보고 코로 만회의 향기를 맡아도 보고 하다가 짐짓 입으로 맛도 보았던 모양입니다.

그 순간 수 억겁 동안 쌓이고 모였던 지구촌 독극성 이물질에 그만 중독이 되어 그렇게도 가볍던 몸은 천근만근이 되면서 두 발이 땅에 딱 들러붙고 말았습니다.

그렇게도 가볍고 자유롭던 몸이 이상야릇하게 굳어지면서 지구의 중력장에 꼼짝을 못하게 되었습니다.

뜻밖에 이런 변고를 당하자 천인들은 놀란 나머지

흡사 물에 빠진 사람처럼 두 팔을 하늘로 뻗고는 같이 구경 온 동료들을 불렀습니다. 또 천상에서 이 지경을 바라본 천인들도 공중에서 두 팔들을 지상으로 내려 흔들며 "어서들 내 손을 잡아 보라"고 소리쳤습니다.

이것이 태초 인류의 구원의 손길이요 구원의 목소리였습니다.

그때의 유구한 구원의 손길과 구원의 목소리는 지금도 높은 곳에만 세워진 천주교 교당의 종탑의 종소리가 되어 높고 높은 하늘로 울려 퍼지고 있습니다. 그때의 애향곡과 애류인생을 구해 보겠다는 구원의 소리입니다.

바로 그때 애류인생의 구원의 손과 손이 마주했던 그 첫 동네가 지금 히말라야 산 밑 첫 동네가 되고 있는 '네팔'입니다.

태초에 서로가 "내팔" "네팔" 하면서 서로가 서로의 두 팔을 꼭 잡아주기를 애달게 바라고 애절히 부르짖던 그 첫 동네가 곧 '네팔'이 되고 있습니다.

그러므로 네팔은 태초부터 지구촌에 가장 위대한 큰 깨달음을 얻는 각자 세 분을 모두 네팔의 삼각주에 서 탄생하시게 했던 것입니다.

5
문명(文明)과 문화사(文化史) 얘기

그러므로 천상 사람들이 지구촌에 최초로 첫 발을 내딛은 땅은 곧 지금의 히말라야 산 남쪽의 큰 대륙인 인도(印度)가 되고 있습니다.

　그래서 인도(印度)는 지구촌 최초로 사람들이 상주를 하다가 보니 자연히 인류 지혜의 씨앗은 모두가 인도에서 발아가 될 수밖에 없었던 것입니다.

　다만 인도(印度)의 그 지혜가 동서로 갈리면서 남서쪽으로 흘러간 저 유태인(猶太人)은 서양 수학문명의 비조가 되었고, 북동쪽으로 흘러간 동이족(東夷族)은 동양 정신 문화의 꽃인 한문(漢文)을 창제해 내었던 것입니다.

그런데 저 유태인은 수학(數學)이 줄 수 있는 깨달음의 철리를 후손들이 옳게 깨닫지를 못했습니다. 그래서 지금도 수학 박사들은 다수가 정신병을 앓다가 죽었습니다.

다름 아닌 수학의 묘법인 불가지수(不可知數) 3.14를 제대로 몰랐기 때문입니다.

저 답 없는 답인 불가지수 3.14는 바로 무량수를 진공묘유(眞空妙有)로 돌리는 철리입니다.

그 철리의 묘법(妙法)이 수학의 파이(π)라고 하는 숫자 3.14입니다. 저 3.14는 다름 아닌 십진법(十進法)입니다. 저 십진법(十進法)은 일체의 무량수를 진공묘유(眞空妙有)로 돌리는 묘법(妙法)입니다.

그 묘법(妙法)의 철리는, 곧 삼위일체(三位一體)로 된 만법을 은유한 삼점(三點)에서 진공묘유(眞空妙有)의 십자가(十字架)의 사방의 수 1(一) 4(四)를 한 바퀴만 돌리면 곧 십(十)이 됩니다. 십(十)은 곧 진공묘유(眞空妙

有)입니다.

바로 저 3.14에서 3.(三點)은 만법의 철리이지만 14 는 십(十) 자의 사방의 숫자를 뜻합니다.

그 사방의 숫자 1에서 4까지를 다 더하면 곧 십(十) 이 됩니다. 바로 이 십(十) 자는 곧 수학이 인류에게 줄 수 있는 진공묘유(眞空妙有)의 광명장(光明藏)입니다. 그 광명장(光明藏)은 곧 깨달음입니다. 저 깨달음은 식심 분별(識心分別)이 다 사라진 지락(至樂)의 극락(極樂)입 니다.

그런데 저 유태인(猶太人)의 수학(數學)은 3.14에서 숨통이 끊어져 버렸습니다.

반면 저 동이족(東夷族)은 더더욱 맹랑합니다.

제 조상의 말과 글인 한문(漢文)을 아예 언어망발(言 語妄發)로 폐지를 해 버렸습니다.

한문(漢文)은 조선 민족의 글입니다. 그런데도 저 이 북 땅에서는 완전히 폐지를 해 버렸습니다.

그래서 저 이북 땅에서는 남자 성기의 고유명사 자

지(自楷)도 한문(漢文)이라 해서 쑤시개라 해놓고 있습니다.

남한에 저 엉터리 한글 학자들은 더더욱 가관입니다. 우리말은 전부가 이두문(吏讀文)으로 성어가 되어 있기 때문에 한문(漢文)의 초성(初聲)인 의성(意聲)과 두문(頭文)인 의음(義音)을 빼면 말이 하나도 되지를 않습니다.

그런데도 저 막가파 무례한 학자라는 사람들은 한문(漢文)을 완전히 폐지하자고 저런 무식한 주장들을 하는 이상한 땅이 되고 말았습니다.

그래도 지구촌에서 천만 다행으로 중국과 일본은 한문(漢文)을 자국의 국어로 쓰고들 있습니다.

그러므로 일본은 노벨상도 많이 가지고 있습니다. 중국도 마찬가지입니다.

그런데 보세요. 지금 이 나라에는 무엇이 있습니까? 금쪽같은 윤리(倫理)가 있습니까? 소중한 존엄성의 도덕(道德)이 있습니까? 그렇다고 옳고 그른 것을 제대로 판단하는 학자(學者)나 정치(政治)나 법가(法家)가 있습니까?

아직도 저 무식한 정치꾼들은 제 멋대로 언어망발을 밥 먹듯이 합니다. 흘러간 시간은 삼세제불도 되돌려 놓지 못합니다.

그래서 저 적폐청산(積弊淸算)이란 말씀의 고상한 사상도 모릅니다. 과거의 잘못을 미루어 보아 현재를 새롭게 하고, 현재의 맑고 밝음을 미루어 보아 미래를 거룩하게 장엄을 하자는 취지의 적폐청산입니다.

그런데 지금 청와대는 무슨 적폐청산을 해놓고들 있습니까?

지금 당장 두 대통령부터 석방을 하세요.

필자의 분통만은 아닙니다. 지금 이 나라에 국부이시고 이 나라에 둘도 없이 용맹한 학자이시며 애국자이신 김동길 교수님께서도 두 대통령부터 당장 내놓으라고 다년간 호소를 해오셨습니다.

지금 당장 석방을 하세요. 정말로 이건 아닙니다.

아니에요. 참으로 안타깝습니다.

그리고 또 보라, 조선 민족이여. 저 중국의 유명한 임어당(林語堂) 선생께서도 한문(漢文)은 동이족의 후예인 조선인의 글이라고 우리나라 초대 문교부장관에게 일러준 말씀입니다. 그리고 보다 소중한 문헌은 중국 문화의 비조라고 하는 황제(黃帝)께서도 한문(漢文)은

황제지사 동이족 창힐조서(黃帝之使 東夷族 蒼詰造書)

라고 하신 말씀의 기록이 중국 고사에도 그대로 있습니다.

6

범음(梵音)과 범서(梵書)가 이두문(吏讀文)

필자는 '이야기'란 단어를 무척 사랑합니다. 그 까닭은 '이(伊)' 자는 서양 동화의 비조 이솝에서 따온 '이(伊)' 자요, '야(野)'는 야사(野史)에서 따온 '야(野)' 자요, '기(記)' 자는 기사(記事)에서 따온 '기(記)' 자입니다.

그러므로 필자가 하는 모든 이야기들은 물증(物證)과 심증(心證)과 논거(論據)가 확실합니다.

그래서 지금 필자가 밝히고자 하는 모든 언어(言語)나 문자(文字)의 기원은 인도(印度)란 사실은 의심의 여지가 없습니다.

그 논거로는 고대로부터 우주의 온갖 소리라고 이

름 하는 범음(梵音)이 인도(印度)에는 일찍이 있었고, 또 그 범음(梵音)을 문자로 기록한 범서(梵書)가 인류 역사상 최초로 인도(印度)에만 있었습니다.

바로 그 인도의 범음(梵音)과 범서(梵書)를 모델로 해서 지구촌에는 다양한 부족과 민족들이 그들의 적성에 맞는 음서(音書)나 문자(文字)를 개발해 놓았습니다.

저 모든 음서들보다도 독특한 문자(文字)가 있었습니다. 그것이 한문(漢文)입니다. 그래서 한문(漢文)에는 무량한 의미를 뜻하는 초성인 의성(意聲)이 있고, 또 무량한 철리(哲理)를 기록한 두문(頭文)인 의음(義音)이 별도로 있습니다.

이렇게 독특한 한문(漢文)은 동이족(東夷族)이 개발을 했다고 하는 고사가 있습니다. 하기야 그 누가 개발을 했건 참으로 한문(漢文)은 신통방통한 문자입니다. 그래서 한문(漢文)에는 우주적인 의미를 담아 놓은 의(意)가 있고 무량한 철리를 자설(字說)해 놓은 의(義)가 별도로 있습니다.

이렇게 십만 자에 가까운 한문에는 무량한 의(意)와 무량한 의(義)가 글자마다 기록이 되어 있습니다.

그래서 한문(漢文)을 영물인 코끼리 상(象) 자를 앞에 놓고 상형문자(象形文字)라 했습니다.

코끼리 상(象) 자를 써서 상형문자(象形文字)라 한 것은 문자마다 살아있는 동물처럼 영혼이 있다는 뜻입니다. 그래서 한문에는 무량한 중생심이 있고 우주적인 물리의 철학이 있습니다.

실례로 문자(文字)에 어떻게 의(意)와 의(義)가 있는가를 밝혀 보겠습니다.

천(天) 자는 의미로는 그냥 '하늘'을 뜻합니다. 그러나 철리로는 천(天) 자를 보면, 머리 위에 한 일(一) 자가 있습니다. 그리고 그 밑에다가 땅을 뜻하는 한 일(一) 자가 하나 더 있습니다. 바로 그 두 이(二) 자의 중심에다가 사람 인(人) 자를 써넣고 있습니다.

그러므로 천(天) 자의 물리(物理)로는 하늘과 땅을 의

미한 두 이(二) 자가 되고 있습니다. 그러나 그 두 이 (二) 자 중심에 만물의 영장인 사람 인(人) 자를 붙여서 완전한 천(天) 자가 됩니다. 그러므로 초성(初聲)은 '하늘'을 의미하지만 철리로는 두문(頭文)인 의음(義音) '천'이 되고 있습니다.

이렇게 한문은 초성인 의성(意聲)과 두문(頭文)인 의음(義音)이 서로 만나서 "하늘 천(天)"이라 읽고 외움을 이두문(吏讀文)이라 했습니다.

또 천(天) 자를 우주 물리학으로 보면 천(天) 자 위의 일(一) 자는 우주는 마이너스(一)장이 되고 있음을 뜻한 한 일(一) 자입니다.

그리고 또 그 일(一) 자 밑에 있는 대(大) 자는 가차문(假借文)으로는 육(六) 자입니다. 육(六)은 중생의 육근(六根)을 뜻합니다. 그러므로 육근(六根)을 육덕(六德)이라 합니다.

아, 보라. 이렇게 한문(漢文)은 무량(無量)한 물리의 의(意)와 무량한 철리(哲理)의 의(義)가 조화를 이루고 있는 문자라고 해서 한문을 이두문(吏讀文)이라 했습니다.

이 같은 한문(漢文)의 불가사의는 모두 인도의 범음(梵音)인 72음계와 범서(梵書)인 문자(文字)의 문리(文理)를 빌려서 만든 한문이 되고 있기 때문입니다.

그래서 한문(漢文)은 초성(初聲)인 의성(意聲)이 있고, 두문(頭文)인 의음(義音)이 별도로 있습니다. 그러므로 한문을 이두문(吏讀文)이라 했습니다.

구강억양상형문자(口腔抑揚象形文字)

우리 한글을 비롯해서 세계만방에서 지금 많이들 쓰고 있는 음서(音書)는 모두가 그 글자에 의(意)나 의(義)가 없습니다. 다만 자음(子音)과 모음(母音)이 붙어서 한 단어(單語)가 되고, 그 단어들이 모여서 한 문장(文章)이 되었을 때는 저 음서(音書)에도 의미(意味)인

의(意)는 있습니다.

그러므로 이 같은 음서(音書)들을 필자는 구강억양
상형문자(口腔抑揚象形文字)라 합니다.

왜냐하면? 모든 음서(音書)는 다양한 민족이 자신들
이 쓰고 있는 음문(音文)을 소리 내어 읽자면 반드시
입술과 혀로 그 글자의 형국대로 구강에서 조작하지
않으면 제대로 발음이 되지 않습니다.

실제로 우리 한글만 해도 그렇습니다. 'ㄱ, ㄴ, ㄷ,
ㄹ'이나 영어의 'A, B, C, D'도 그 글자의 모양대로 입
술과 혀로 입안에서 조작하지 않으면 제대로 발음이
되지 않습니다.

다름 아닌 후비의 목소리를 입술과 혀로 음서의 모
양대로 입안에서 글자의 형상을 만들어 내지 않으면
발음이 제대로 되지 않습니다.

특히 아랍어 같은 경우에는 아랍어 문자처럼 입 안
에서 고저장단을 혀로 지휘하지 않으면 정확한 발음
이 되지 않습니다.

그래서 필자는 세계만방에서 지금 쓰고 있는 음서는 모두 '구강억양상형문자(口腔抑揚象形文字)'라고 정의합니다.

이두문(吏讀文)

이두문에서의 독(讀) 자를 가차문으로는 '두'로도 발음을 합니다.

신라 때 설총 선생이 창안하셨다고 하는 이두문(吏讀文)의 정의는 아직도 학계에서 그 이두문(吏讀文)의 뜻을 정확히 알지 못하고 있습니다.

그래서 그 참 뜻을 밝히면 다음과 같습니다.

한문은 초성(初聲)으로 읽는 의성(意聲)이 있고 두문(頭文)을 발음하는 의음(義音)이 별도로 있습니다. 그래서 그 발성과 발음의 성리를 이두문(吏讀文)이라 했습니다.

실증적 예로는 우리 한민족을 제외하고는 한문(漢文)을 배울 때에 "하늘 천(天), 따 지(地), 가물 현(玄), 누루 황(黃)" 하고 읽고 외우지 않습니다.

이렇게 한문을 꼭이 이두문(吏讀文)으로 공부를 하게 된 큰 이유는 인도(印度)의 범음(梵音)으로는 초성으로 읽는 의성(意聲)이 되었고, 범서(梵書)의 철리로는 두문(頭文)을 발음하는 의음(義音)이 별도로 있기 때문입니다.

그래서 유독 한민족만은 한문을 배울 때에는 초성(初聲)인 의성(意聲)으로 "하늘" 하고, 두문(頭文)인 의음(義音)으로 "천"이라 발음을 합니다.

고금 없이 우리 민족은 이렇게 한문공부를 다 해 왔습니다. 그래서 한학(漢學)의 공부는 반드시 문자(文字)를 읽는 초성(初聲)이 좋아야 합니다. 그리고 그 문자(文字)의 두문(頭文)인 의음(義音)으로 외우는 독송(讀誦)이 청산유수(青山流水) 같아야 했습니다.

그런데 말입니다. 세종 때 유생들은 아마도 한문 공

부를 할 때에 우리말은 통시 글이라고 해서 초성(初聲)인 의성(意聲)은 싹 빼 버리고 두문(頭文)인 의음(義音)으로만 한학 공부를 했단 말씀입니까?

마치 중국 사람들처럼 천(天) 자를 보고 "쳰" 하고 지(地)를 보고 "띠" 하고 문자(文字)의 두문(頭文)인 의음(義音)으로만 한문 공부를 했단 말씀입니까?

거짓말들 마세요. 한민족은 누구나 한문 공부를 할 때는 반드시 초성(初聲)인 의성(意聲)으로 "하늘"이라 읽고 두문(頭文)인 의음(義音)으로 "천"이라고들 발음했습니다. 누구나 그렇게 배웠습니다.

그렇게들 배워 놓고 어떻게 세종대왕의 가슴에다가 그리도 몹쓸 모닥불을 피우셨나요?

바로 이것이 필자가 말하는 초성(初聲)의 의성(意聲)과 두문(頭文)인 의음(義音)으로 한학(漢學)을 해야 하므로 이를 이두문(吏讀文)이라 했습니다.

다시 말하면 한학(漢學)의 문리(文理)와 성리를 이두문(吏讀文)이라 했습니다.

7
번뇌망상(煩惱妄想)의 묘약(妙藥)은 명상(冥想)

누구나 몸과 마음의 고뇌로부터 벗어나자면 석가세존이 가르쳐 주신 참선(參禪)밖에는 다시 더 이상은 없습니다.

　일반 세상 사람들은 마음을 벗어던지는 참선 수행만은 실로 만만치가 않습니다.

　왜냐면 절대로 해서는 안 되는 성행위를 대금할 수가 없기 때문입니다. 다만 천주교의 수도사(修道師)나 출가한 선승(禪僧)은 가능합니다.

　보통 일반 속인들은 명상(冥想)은 쉽습니다. 명상(瞑想)은 번뇌 망상만 고요히 잠재우면 되니까 말입니다.

사실상 명상(瞑想)은 잠꼬대를 하고 있는 어린애를 잠깐 잠재우는 자장가일 뿐입니다.

그래서 석가세존은 몸과 마음을 초연히 벗어던지는 세 가지 삼매(三昧)의 관법(觀法)을 잘 설명해 두셨습니다.

수승한 그 세 가지의 삼매수련(三昧修練)의 관법(觀法)은 무엇보다 자신의 몸과 마음을 온통 다 드러내어 보여주는 각성(覺性)을 먼저 스스로 은밀히 느끼고 있어야만 합니다. 은밀히 느끼는 그 느낌을 주시하는 지혜의 눈을 관(觀)이라 합니다.

누구에게나 자신의 몸과 마음을 항상 깨닫고 알게 해주는 각성(覺性)은 모두 다 있습니다.

그 각성(覺性)을 은밀히 주시하는 세 가지 관법(觀法)을 삼매(三昧)라 합니다.

항상 자신의 각성(覺性)으로 마음을 주시하는 삼매수련을 제대로 하자면 무엇보다도 먼저 자기 자신의 내면에 항상 밝게 깨어 있는 각성(覺性)부터 스스로 확실히 느끼고 있어야만 합니다.

저 각성(覺性)은 일체를 다 드러내어 보여주는 전지전능한 신비로운 묘각(妙覺)의 빛이 각성(覺性)입니다. 하지만 뭇 중생은 그 각성(覺性)으로 살고들 있으면서도 도무지 그 각성(覺性)을 깨닫지 못하고 있습니다. 자신을 항상 느끼고 깨닫고 알게 하는 것은 그 누구도 아닌 바로 자신의 각성(覺性)인데도 말입니다.

물론 당연히 알 수가 없지요?

왜냐하면 마치 하늘에 구름이 태양을 가리듯 지금 이 마음의 구름이 중중첩첩으로 묘각(妙覺)의 각성(覺性)을 콱콱 다 틀어막고 있기 때문입니다. 그래서 도무지 각성(覺性)을 느끼지도 못합니다.

인류가 다 이 모양이니 어떻게 성불(成佛)로 가는 불도(佛道)를 알 수가 있으며, 실로 아무것도 모르는데 어떻게 닦을 수가 있겠습니까?

그래서 선각자들은 자신의 신심에서 일어나고 있는 생각을 각성 쪽으로 은밀히 뒤집는 그 지적 행위를 지혜(智慧)라 했고, 그 지적 행위로 드러난 각성(覺性)을 반야(般若)라 했습니다.

그래서 옛 선사(禪師)들은 이를 쉽게 지혜(智慧)를 반야(般若)라 하고, 반야(般若)를 지혜(智慧)라고도 했습니다.

더 쉽게 말하면 몸과 마음의 밑바탕을 돌이켜 보는 지적 행위는 지혜(智慧)가 되고, 그 지혜(智慧)로 돌이켜 본 각성(覺性)은 마치 일체를 다 비추는 큰 거울과 같이 두루 반반하다는 뜻에서 반야(般若)라 했습니다.

그래서 석가세존께서는 『원각경(圓覺經)』에서 깨달음으로 가는 세 가지 삼매(三昧)를 닦는 관법(觀法)과 그 요령을 잘 밝혀 두셨습니다.

세상 사람들에게 관법(觀法)을 설명을 하려고 해도 저절로 앞이 캄캄해집니다.

왜냐하면, 관(觀)이라 하니까 일반 사람들의 상식으로는 육안(肉眼)으로 보는 시각을 상상합니다. 그 시각을 환히 다 드러내어 보여줌을 관이라 하는데 말입니다.

관(觀) 자의 뜻은 각성(覺性)의 눈을 의미합니다.

바로 저 각성(覺性)의 눈은 태양의 빛이 일체를 환히 다 드러내어 보여줌과 같음을 관(觀)이라 합니다. 마치 허공은 일체를 다 드러내어 보여만 주듯이 말입니다

저 묘각(妙覺)의 빛 각성(覺性)은 저 무변허공계를 두루 다 머금고 있습니다. 그러므로 세존은 묘각(妙覺)을 둥근 거울에 대비를 시켜서는 대원경(大圓鏡)이라고도 하셨습니다. 바로 그 대원경(大圓鏡)에다가 대비시킨 『원각경(圓覺經)』이 있습니다.

그 『원각경(圓覺經)』에서 세존은 사마타와 삼마발제와 선나를 수행하는 관법을 잘 설명해 두셨습니다

첫째 사마타(奢摩他)라고 이름 하는 관법은 마치 거울로 만상을 비추어 보듯이 자신의 신심을 주시해 보는 관법입니다.

그 요령은 흡사 맑고 밝은 명경으로 일체의 만상을 비추어 보듯이 내 자신의 몸과 마음을 두루 주시하는 관법입니다.

둘째, 삼마발제(三摩缽提)는 일체를 오늘날 영화관에서 은막에 드러난 영상을 보듯이 환심을 보는 환관법(幻觀法)입니다.

이 환관법의 요령은 몸과 마음에서 일어나는 느낌이나 생각을 마치 저 하늘에 떠도는 구름 보듯 하고 흡사 땅에서 잡초가 자라남을 보듯 사념 망상을 주시하는 관법입니다.

셋째, 선나(禪那)는 이미 부동하고 있는 고요함 속으로 나 자신이 증발되어서 마침내 공적함 그 자체가 되어 버리는 관법입니다.

그 요령은 모든 것이 흡사 종과 북 소리가 마침내 공적함 속으로 소멸되듯이 나의 모든 것이 사라짐을 주시하는 관법입니다.

누구나 끝없는 생사의 윤회의 고통에서 벗어나기를 진정으로 바란다면 우선적으로 자기 자신의 내면에 밝게 깨어 있는 각성(覺性)부터 확실히 느끼고 있어야 합니다. 그래야 밝고 맑은 지혜가 일어납니다.

지혜가 일어나야 몸과 마음으로부터 쉽게 해탈을 할 수가 있습니다. 그러므로 고뇌로부터 영원히 해방이 됩니다.

그런데 불행하게도 일체중생들은 스스로 다 깨닫고 다 아는 묘각(妙覺)의 빛 각성(覺性)으로 살고 있으면서도 도무지 느끼지도 못합니다.

그 까닭은 항상 쓰고 있는 마음의 구름이 본래로 밝게 깨어 있는 묘각의 각성을 까맣게 뒤덮고 있기 때문입니다. 뿐만 아니라 분별하는 식심으로는 지금 우리가 늘 쓰고 사는 마음을 안다는 것도 언어도단입니다.

전자 물리로 비유를 해보면 전자의 극미 단위를 소립자(素粒子)라 합니다. 그 소립자는 십조 분의 일mm라 합니다. 물론 가설입니다.

바로 그 소립자 분의 -18승에 지금 우리가 쓰고 있는 마음이 있습니다.

그런데 우리가 분별하는 식심을 가지고는 마음의 참모습도 상상키 어렵습니다.

항차 저 마음 분의 -21승에 있는 심심 미묘한 묘각(妙覺)을 어찌 알겠습니까. 다만 성불하신 석가세존만은 저 청정묘각의 실상에 드러난 마음의 실체가 환히 다 보입니다. 그래서 세존은 성불을 하시고 곧바로 읊으신 게송(偈頌)이 있습니다.

약인욕요지 삼세일체불(若人欲了知 三世一切佛)
응관법계성 일체유심조(應觀法界成 一切唯心造)
만약 누가 삼세의 일체 부처님과 저 세계와 중생계가 어떻게 해서 생기게 되었는가를 알고자 한다면
바로 이 마음이 일체를 창조한 창조주요 구세주임을 알리라.

마음(摩陰)의 생원설

인류 역사상 우리가 모두 쓰고 있는 마음을 과학적

인 철리로 밝히신 성인은 석가세존 한 분밖에는 없습니다. 마음이 생기게 된 그 근본 뿌리를 말입니다.

마음의 근본 뿌리는 묘각(妙覺)입니다.

묘각(妙覺)의 빛 각성(覺性)의 여명이 곧 마음(摩陰)입니다.

옛날부터 무엇을 좀 깨달았다는 각자(覺者)들도 자기 자신이 스스로 쓰고 살아온 그 마음의 뿌리가 무엇인가를 아신 분은 한 분도 없었습니다.

우리가 쓰고 사는 마음의 밑바탕에는 분명 밝게 깨어 있는 묘각(妙覺)이 있습니다. 그 묘각의 빛이 곧 깨닫고 아는 각성(覺性)입니다.

그러므로 마음은 참으로 불가사의합니다.

그것은 묘각의 빛 각성의 그림자가 곧 마음이기 때문입니다.

그래서 묘각의 빛 각성을 마음의 밑바탕에서 발견하지 못하고는 마음이 어떻게 해서 생기게 되었는가를 알 도리가 없습니다.

그러므로 묘각을 성취하신 세존이 아니고는 그 누구도 마음의 생원설을 밝힐 도리가 없습니다. 그래서 뭇 성인들도 마음의 뿌리에 관한 한 일언반구도 남긴 바가 없습니다.

필자는 세존이 밝혀 놓으신 『수능엄경』에서 마음의 생원을 발견했습니다.

마음이 생기게 된 그 까닭은 흡사 태양 빛의 여명으로 저녁노을이 생기는 이치와 흡사했습니다.

태양이 저 서쪽으로 넘어가고 나면 자연스럽게 저녁노을이 황홀하게 일어납니다. 꼭 그와 같은 이치로 마음도 생겼습니다.

찬란한 노을이 일어나서는 곧 서서히 삼단계로 변이가 됩니다. 처음은 황홀하게 밝다가 서서히 어둑해지면서 마침내 캄캄해집니다.

이렇게 삼단계로 변이되는 노을과 같은 이치로 저 묘각(妙覺)의 빛 각성(覺性)의 여명으로 생긴 마음에도 독특한 속성 셋이 존재하게 되었습니다.

저 청정 묘각(妙覺)의 빛 각성(覺性)의 밝음은 세상에서 제일 밝다고 하는 태양의 빛보다도 십조 배나 더 밝다고 합니다. 그렇게도 밝은 저 묘각의 빛 각성의 그늘이 곧 마음입니다.

그래서 마음의 고유명사를 클 마(摩) 자에 그늘 음(陰) 자를 써서 마음(摩陰)이라 했습니다.

바로 이 마음에는 독특한 세 개의 속성이 있습니다. 그 속성이 생기게 된 까닭도 흡사 저녁노을이 삼단계로 변이가 되었듯이 그와 같은 이치로 저 마음에도 세 개의 독특한 속성이 있게 되었습니다.

그 마음의 속성 세 개란?

첫째로 밝게 깨어 있는 의식(意識)과, 둘째, 이쪽저쪽을 생각해 보는 어둑한 잠재의식(潛在意識)과, 셋째는 잠든 상태와 같은 캄캄한 무의식(無意識)입니다. 이를 필자는 마음의 속성이라 합니다.

바로 이 마음의 속성 세 개가 일체의 만법을 다 창조해 내었습니다. 그러므로 지금 내 이 마음은 부처를 구하면 부처도 만들어 주고, 세상을 구하겠다는 발원을 하면 보살들처럼 구세주도 됩니다. 또한 일체 제법과 만상을 창조하겠다 하면 만유의 창조주도 됩니다.

그러므로 마음 이상 창조주나 구세주는 있을 수가 없습니다. 그러면 어째서 마음 이상 더 절대자인 유일신은 있을 수가 없을까요?

그 의문에 대한 답변은 간단합니다.

내 마음 하나 없으면 아무것도 없습니다. 아무것도 없는 거기서 무엇을 찾으시렵니까?

내 눈 한번 감으면 아무것도 없음을 미루어 보아도 분명한 진실입니다. 저 뭇 종교의 유일신의 창조설은 이제 그만들 덮어 둡시다. 물론 태초에는 지금과 같은 과학문명의 상식이 없었습니다. 그렇다 보니 일체 만법의 창조설은 유일신(唯一神)의 목소리가 만인의 상식이 될 수밖에 없었습니다.

이제 그만들 합시다. 저 어린이들이야 믿든 말든 지금 신사고시대(新思考時代)의 인류는 새롭게 깨어날 상식이 있습니다. 그것은 모두 함께 쓰고들 사는 제 마음의 뿌리 얘기입니다. 누구나 꼭 알고들 살아야 합니다.

마음의 속성

저 밝은 태양의 여명으로 일어난 황홀한 저녁노을 이 서서히 삼단계로 변이가 되었듯이 저 청정묘각(淸淨妙覺)의 빛 각성(覺性)의 여명인 마음에도 삼단으로 변이가 일어났습니다.

그래서 마음 가운데 환하게 밝게 깨닫고 아는 양성 쪽은 의식계(意識系)가 되었고, 이쪽저쪽을 생각해 보는 중성은 잠재의식계(潛在意識系)가 되었고, 또 잠든 상태 와 같은 음성 쪽은 무의식계(無意識系)가 되었습니다.

바로 저 마음의 속성 세 개가 고요히 부동(不動)하여 서는 저 무변 허공계가 되었습니다.

그리고 저 마음의 속성 세 개가 서로 밀고 당기는 행위로 말미암아 저 무변 허공계를 둘둘 말아서 무량한 허공계를 만들고, 그 허공계 안에다가 백억의 태양계를 만들어 내었습니다.

또 저 마음의 속성 셋이 동전(動轉)을 하면서 음성(陰性) 양성(陽性)과 오행(五行)이 서로 뒹굴면서 시방세계의 주축이 되는 철리가 되고 있습니다.

저 음양오행(陰陽五行)의 철리로 세계와 중생계가 다 창조되었습니다.

그렇다면 저 세계와 중생계를 다 창조해낸 원동력은 곧 행(行)입니다.

그렇다면 그 원동력인 행(行)은 과연 어떻게 해서 생기게 되었을까?

그 원인은 마음입니다. 마음의 속성 셋 가운데서 의식은 양(陽)으로서 온(溫)합니다. 무의식은 음(陰)으로서 냉(冷)합니다. 그리고 음도 양도 아닌 중성(中性)의 잠재의식은 이쪽저쪽을 밀었다 당겼다 합니다. 이렇게 해서 동(動)하는 행(行)이 일어나게 되었습니다.

바로 저 음양(陰陽)은 상보(相補)를 하고, 오각(五角)의 행위는 상극(相剋) 상생(相生)을 합니다. 이 법칙을 음양오행(陰陽五行)이라 합니다.

이 음양오행의 법칙으로 말미암아 시방세계와 일체 중생계는 끝도 없이 동전(動轉)하게 되었습니다. 그러므로 성불(成佛)을 해서 마음을 완전히 버리기 이전에는 절대로 마음과 다투지 말아야 합니다. 왜냐하면 몸은 음양오행의 법칙으로 광속으로 돌고 돌기 때문입니다. 그래서 몸과 마음은 주시만 하면 자연히 초월이 됩니다.

그래서 세존은 일찍이 일체중생들이 돌고 도는 마음의 근본 뿌리를 뽑아 버리는 12연기법(緣起法)을 잘 밝혀 두셨습니다.

마음(摩陰)을 무명(無明)이라 합니다.

1. 무명(無明)에서 두 번째 2. 행(行)이 일어났고, 그

행위(行爲)로 깨닫는 3. 식(識)이 일어났고, 그 식(識)으로 공색인 4. 명색(名色)이 나왔고, 그 명색(名色)으로 만상이 들고 나는 5. 육입(六入)이 생겼고, 그 육입(六入)으로 받아들이는 6. 수(受)가 나왔고, 그 수(受)로 느끼는 7. 촉(觸)이 생겼고, 그 느끼는 촉(觸)으로 애착하는 8. 애(愛)가 생겼고, 그 애착하는 애(愛)로 가지려고 하는 9. 취(取)가 생겼고, 그 취(取)로 발생하는 10. 생(生)이 있게 되었고, 그 생(生)으로 필경에 11. 유(有)가 생겼고, 그 유(有)가 있음으로 해서 만유는 다 12. 생노병사(生老病死)를 하게 되었다고 하셨습니다.

세존은 이렇게 생노병사(生老病死)의 근본 고리를 밝히심과 동시에 그 12연기로 있게 된 생노병사(生老病死)의 고리를 역으로 풀어서 근본 무명(無明)을 완전히 소멸시켜서 해탈시키는 법도를 잘 밝혀 두셨습니다. 그래서 제불은 12연기법을 묘법이라 하셨습니다.

그러므로 누구나 몸과 마음(摩陰)을 가지고 도를 닦으면 모두 외도가 됩니다. 그래서 모든 외도들은 결국에는 신이나 마음의 노예가 종말입니다.

그 마음 하나 집어 던지면 자연히 대해탈을 얻는 것을 말입니다.

8
동전(動轉)하는 행위(行爲) 얘기

위에서도 밝혔지만 저 별난 마음의 속성 세 개는 의식(意識)은 양성(陽性)으로서 온(溫)하고 무의식(無意識)은 음성(陰性)으로서 냉(冷)합니다.

　그래서 중생은 의식(意識)이 없으면 단박에 몸이 싸늘해집니다. 만약 의식이 돌아오면 금방 온기(溫氣)가 다시 돌아옵니다. 바로 저 의식의 온(溫)과 무의식의 냉(冷)을 중성의 잠재의식(潛在意識)이 간접으로 온(溫)과 냉(冷)을 밀었다 당겼다 하는 바람에 동전(動轉)하는 행(行)이 자연스럽게 일어나게 되었습니다. 바로 이 행(行)으로 말미암아 세계와 중생계가 다 창조됩니다.

저 마음의 속성 셋을 음양학으로 말하면 음은 무의식이고 양은 의식입니다. 저 음양(陰陽)은 서로 보완적 관계가 되고 있으므로 음양학에서는 음양(陰陽)을 상보(相補)라 합니다.

그리고 저 중성(中性)의 잠재의식은 서로 보필을 하고 있는 음양(陰陽)을 직·간접적으로 같은 것은 밀고, 다른 것은 당겼다 하므로 이를 상극(相剋)이라 합니다. 이렇게 상극의 행위(行爲)로 세계와 중생계가 일어나므로 이를 상생(相生)이라 합니다.

그래서 음양학(陰陽學)을 얘기할 때는 반드시 상보(相補) 상극(相剋) 상생(相生)이라고 말을 해야 옳습니다.

이와 같은 만법의 섭리를 동양철학에서는 음양오행(陰陽五行)의 상보(相補) 상극(相剋) 상생(相生)이라 하고, 서양철학에서는 이를 정반합(正反合)이라 말하고, 필자는 동반이합(同反異合)이라 합니다.

바로 그 정반합(正反合)을 하는 행위(行爲)로 일체 만법이 창조가 됩니다. 저 모든 창조의 철리를 통칭 음양오행(陰陽五行)이라 말합니다. 그래서 세상에서 쉽게 말하는 진리(眞理)는 다름 아닌 음양오행(陰陽五行)을 뜻합니다. 그래서 음양오행(陰陽五行)의 철리를 모르고는 만유의 진리가 풀리지를 않습니다.

실제로 음양오행(陰陽五行)의 법도로 인류는 세상을 살고들 있습니다. 그러면서도 세상은 음양오행(陰陽五行)이라 하면 점치는 점술로 알고들 있습니다.

하기야 아무것도 몰라도 숨 잘 쉬고 잘 사는 동물 같은 인간도 없지는 않습니다.

사실은 동서고금을 막론하고 한 주를 일주(日週)라 해서 음양오행(陰陽五行)을 그대로 달력에 표기해 놓고 살고들 있습니다. 한 주는 곧 월화수목금토일(月火水木金土日)입니다. 한 주를 성서에서는 하나님이 일주일 만에 만물을 다 창조를 했다는 창조설로도 유명합니다. 이는 곧 음양오행학설(陰陽五行學說)입니다.

동양철학의 모태라고 하는 음양오행(陰陽五行)을 인류는 다 소중히 쓰고들 있으면서도 그 주일의 뜻은 모릅니다. 물론 월일(月日)은 음양(陰陽)을 뜻하고 있습니다. 저 오행(五行)은 곧 화수금목토(火水金木土)를 말합니다. 오늘날 전자물리학 박사들도 사실은 음양오행(陰陽五行)의 고전의 법도를 그대로 다 빌려서 쓰고 있습니다. 왜냐, 진리(眞理)의 법도는 곧 음양오행(陰陽五行)밖에 없기 때문입니다.

그러면 지금부터 음양오행(陰陽五行)이 과연 어떻게 해서 생기게 되었는가를 밝혀보겠습니다.

음양오행(陰陽五行) 생기설(生起說)

음양(陰陽)은 마음의 속성 가운데서 의식(意識)은 양성(陽性)이고, 잠재의식(潛在意識)은 중성(中性)이고, 무의식(無意識)은 음성(陰性)입니다. 그런데 음양학(陰陽學)에서는 중간자(中間子)인 중성(中性)은 빼고 보통 음양(陰陽)이라고만 말을 합니다.

바로 저 음성, 중성, 양성의 법칙은 서로 같은 것은 밀어내고 다른 것을 잡아당기는 이상한 속성이 있습니다. 이 속성을 필자는 동반이합(同反異合)이라 하고, 음양오행학(陰陽五行學)에서는 상보(相補) 상극(相剋) 상생(相生)이라 합니다. 한편 서양철학에서는 정반합(正反合)이라 합니다.

오행(五行)은 금목수화토(金木水火土)를 말합니다.

음양오행(陰陽五行)이 서로 상보(相補) 상극(相剋) 상생(相生)을 하는 이 원리로 세계와 중생계가 다 창조되었으므로 그 원리로 세계와 중생계가 지금도 다 그렇게 돌아가고 있습니다.

필자는 세존이 설하신 『수능엄경(首楞嚴經)』에서 잘 밝혀 놓으신 마음(摩陰)의 생원설과 음양오행(陰陽五行)의 생기설을 일찍이 깨닫고는 세상에 이 뜻을 알리려고 부단히 노력을 해 왔습니다.

온 인류가 뉘라 없이 꼭 알고 살아야 할 참으로 소중한 정신문화(文化)요 정신문명(文明)이기 때문입니다.

먼저 오행(五行)에서 금(金)이 생기게 된 그 까닭부터 밝혀 보겠습니다.

첫 번째, 오행(五行)의 금(金)은 지금 저 무변 허공계를 두루 다 감싸고 있는 자기장(磁氣場)을 금(金)이라 합니다.

금(金)이 생기게 된 그 까닭은 일체중생의 심신의 밑바탕에 다 깔려 있는 저 묘각(妙覺)의 빛은 그 밝음이 태양의 빛보다도 십조 배나 더 밝다고 합니다. 이렇게 밝은 그 빛의 밝음은 명묘(明妙)하고 빛은 묘명(妙明)하다고 합니다. 그 빛이 저 무변 허공계를 세월없이 비추는 그 과정에서 무변 허공계는 자연스럽게 마치 하얀 종이가 석양의 빛을 받으면 누렇게 뜨듯이 저 허공계는 자연스럽게 굳게 막히고 걸리는 견애(堅礙)의 황금의 장막이 생기게 되었다고 합니다.

그 견애(堅礙)의 장막을 오행(五行)의 금(金)이라 하고, 저 금(金)이 무변 허공계를 두루 다 감싸 돌고 있으므로 이를 금륜(金輪)이라 합니다.

그 금륜(金輪)은 곧 무변 허공계를 두루 감싸고 있는 자기장(磁氣場)이 되고 있습니다. 바로 이 금륜(金輪)의 자기장으로 공중을 나는 새, 짐승과 비행기도 공중을 날 수가 있게 되었습니다.

저 금륜(金輪)이 중생의 육체로 들어가서는 대뇌(大腦)와 폐(肺)와 대장(大腸)을 창조해 내고는 중생들이 깨어 있는 의식 활동을 돕고 있는 깨어 있는 넋(魄)이 되고 있습니다.

두 번째로 마음의 속성 셋이 서로 밀고 당기면서 일어난 풍동(風動)이란 목(木)은 일체 행위의 기본이 되고 있습니다.

과연 어떻게 해서 행(行)이 생기게 되었을까요?

모든 행(行)의 시발은 마음의 속성 세 개가 서로 밀고 당기는 정반합(正反合)을 하는 그 과정에서 동(動)하는 바람이 일어났습니다. 그 바람이 시방세계를 두루 다 감싸 돌고 있으므로 이를 풍륜(風輪)이라 하고, 이를 오행(五行)의 목(木)이라 합니다.

저 풍륜(風輪)인 목(木)이 중생들의 육신 속으로 들어 동맥(動脈)과 정맥(靜脈)이 되었고, 두부로 가서는 간뇌 (肝腦)와 중뇌(中腦)의 신비를 도맡고 있습니다.

장기(臟器)로 가서는 간(肝)과 담(膽)을 창조해 내어 서는 중생들의 정신 활동을 하고 있는 영혼(靈魂)이 되 고 있습니다.

세 번째 오행(五行)의 화(火)는 과연 어떻게 해서 생 기게 되었을까요?

그것은 풍동(風動)인 목(木)의 강력한 바람이 우주를 감싸고 있는 자기장(磁氣場)인 금(金)을 맹렬히 마찰시 키는 그 과정에서 자연스럽게 금(金)인 자기장에서는 번쩍 번쩍하는 전기(電氣)의 불꽃이 일어나게 되었습 니다.

이를 오행(五行)의 화(火)라 하고 이 불꽃이 곧 전기 의 에너지로 시방세계를 두루 감싸고 돌고 있으므로 이를 화륜(火輪)이라 합니다.

저 화륜(火輪)이 중생들의 몸속으로 들어가서는 심

장(心臟), 소장(小腸)을 창조해 내고, 두부로 가서는 소뇌(小腦)와 연수(延髓)를 창조해 내고는 식심과 정신을 도맡고 있는 신령이 되고 있습니다.

네 번째 오행(五行)의 수(水)는 과연 어떻게 해서 생기게 되었을까요?

저 바람인 목(木)이 자기장(磁氣場)인 금(金)을 마찰을 시켜서 화(火)를 일으켰고, 그 화(火)의 불꽃은 위로만 치솟는 성질이 있습니다. 그래서 저 불꽃이 우주를 두루 감싸고 있는 금륜(金輪)의 자기장(磁氣場)을 세월없이 찜질을 하는 과정에서 자연스럽게 자기장인 금륜(金輪)에서 촉촉이 젖어드는 윤택한 습기가 발생하게 되었습니다. 그 습기들이 모여서는 마침내 물(水)이 되었습니다.

이를 오행(五行)의 수(水)라 하고 저 수(水)가 시방세계를 두루 다 감싸 돌고 있으므로 이를 수륜(水輪)이라 합니다. 그리고 저 수륜(水輪)이 중생들의 몸속으로 들어가서는 신장(腎臟)과 방광(膀胱)을 창조해 내었습니다. 그리고 두부로 들어가서는 시상하부와 뇌하수체를 창조해 내고는 생명활동의 정기(精氣)를 관장하고 있습니다.

다섯 번째 저 오행(五行)의 토(土)는 과연 어떻게 해서 생기게 되었을까요?

금(金)에서 일어난 물(水)과 불(火)은 절대 상극으로서 서로는 강력히 밀치는 저항력이 있으므로 저 우주 공간에는 엄청난 중력장(重力場)이 형성되었습니다. 그 중력장으로 저 무변 허공계를 둘둘 말아서 돌리는 풍륜이 허공계에 가득한 먼지들을 똘똘 뭉쳐서는 흙덩이 지구(地球)와 같은 천체들을 창조해 놓았습니다.

저 천체들은 스스로 자전을 하고 있으므로 토륜(土輪)이라 하고, 저 토륜(土輪)이 일체중생들의 몸 속으로 들어가서는 비위(脾胃)를 창조해 놓았습니다. 그리고 두뇌로 들어가서 십조 구만 오천 사십팔 개의 뇌세포를 다 창조해 놓았습니다. 그리고 정신세계로 들어가서는 느끼고 생각하는 의사(意思)를 도맡고 있습니다.

아, 보라. 이렇게 마음이 일체를 다 창조해 내었습니다. 그래서 고대 신화(神話)는 모두가 우리들 마음의 그림자 식심(識心)이 빚어 내놓은 정신활동(精神活動)의 신비가 곧 고대 신화가 되고 있을 뿐입니다.

이 학설이 음양오행(陰陽五行)의 생기설입니다.

저 오행(五行)에서 수(水), 화(火), 토(土)가 만물의 몸통이 되고 있습니다. 그러므로 나무[木]는 마찰을 시키면 자연히 불이 나오고 꼭 짜면 물이 나오고 타면 재가 되어 다시 흙으로 돌아갑니다.

쇠인 철도 매 한가지입니다. 서로 마주치면 불꽃이 일어나고 고열에 녹으면 물이 되고 삭으면 흙으로 돌아갑니다.

돌도 마찬가지입니다. 서로 충격을 가하면 불꽃이 일어나고 녹으면 물이 되고 삭으면 흙으로 돌아갑니다.

물도 엄청난 충격을 받으면 불꽃이 일어나고 물을 고요히 두면 온갖 생명체가 나오고 그 생명체들이 죽으면 다시 흙으로 귀속이 됩니다.

그래서 저 오행(五行) 중에서 토(土)는 수(水)도, 화(火)도, 금(金)도, 흙인 토를 이기지를 못합니다.

왜냐면 흙인 토(土)는 분해를 하고 분해해서 극미의 단위에 이르면 소립자(素粒子)가 됩니다.

그래서 영국의 에팅톤도 소립자를 사념(思念)이라고 정의를 했습니다. 결국 사념망상은 곧 먼지인 흙이기 때문입니다.

9
한문(漢文)이야기

유독 우리나라 말에만 궐월(闕越)이란 말이 있습니다. 일체의 음문(音文)이나 한문(漢文)을 궐월(闕越)이라 합니다. 집 궐(闕) 자에 뛰어넘을 월(越) 자를 써서 궐월(闕越)이라 한 그 이유는 언어(言語)나 문자(文字)는 흡사 달을 가리키는 손가락과 같다는 세존의 말씀에서 비롯되었습니다.

　그러므로 그 모든 문자(文字)의 뜻과 같은 실제의 달을 보자면 모든 문자를 멀리 떠나서 공중의 달을 보듯 해야 하므로 집 궐(闕) 자에 뛰어넘을 월(越) 자를 써서 궐월문(闕越文)이라 했습니다.

물론 그 달이 공중에 떠 있는 달 같으면 얼마나 찾기가 쉽겠습니까. 하지만 문자의 뜻이기도 한 공중의 달은 우리들 마음을 뛰어넘어서 저쪽에 밝게 깨어 있는 청정묘각(淸淨妙覺)의 빛 각성(覺性)을 뜻하고 있기 때문에 문자의 뜻을 안다는 것은 참으로 만만치 않습니다. 왜냐면 누겁으로 쌓인 마음의 구름을 벗어던지지 않고서는 문자의 뜻인 각성(覺性)을 본다는 것은 어림도 없기 때문입니다. 그래서 세존은 『열반경』 문자품에서 모든 언어나 문자의 뜻은 모두 여래장(如來藏)이라고 말씀을 하셨습니다.

실제로 모든 문자는 흡사 한 채의 집과 같기도 합니다. 특히 한문(漢文)의 경우는 대개 포식으로 지어진 대궐과 흡사합니다. 왜냐면?

여러 가지 뜻을 가진 획이 차곡차곡 쌓여서 한자의 문자(文字)가 되고 있기 때문입니다.

물론 음문(音文)도 자음(子音)과 모음(母音)이 붙어야 한 단어가 됩니다.

저 문자(文字)의 제왕은 한문(漢文)입니다.

그래서 한문(漢文)의 명리를 보면 한수(寒水) 한(漢) 자에 그 뜻을 다 담아 놓고 있습니다.

한수(寒水) 한(漢) 자는 삼 수(三水)(氵)변에 가차문(假借文)으로 없을 막 자에 고요하고 정막할 막(莫) 자가 되고 있습니다. 그러므로 저 막(莫) 자가 시사하는 바와 같이 한문(漢文)은 너무나 그 뜻이 호호 막막합니다.

그래서 간명하게 필자는 한문(漢文)에는 무량한 의미의 의(意)와 무량한 철리인 의(義)가 있다고 했습니다.

그리고 저 한수(寒水) 한(漢) 자에 삼 수(氵)가 앞에 붙은 것은 중국에서 보면 서북쪽에 있는 히말라야 산에서 내려오는 세 개의 차디찬 큰 강물이 있습니다. 그 찬물의 뜻을 한수(寒水) 한(漢) 자에 붙여서 한문(漢文)이라고 했습니다.

실제로 동이족은 저 한수를 타고 내려온 민족입니다. 그래서 한문(漢文)이라 했습니다.

태초에 동이족(東夷族)은 히말라야 산 정상에서 북

동쪽으로 내려온 우랄산맥의 민족이었습니다. 그 논거로는 동이족(東夷族)들은 일쑤 농담 삼아 쓰는 우스갯소리가 있습니다. '우라질 놈'이란 말입니다.

지금 필자가 세계의 문화와 문명의 뿌리는 모두 인도(印度)라고 고집을 하는 좋은 예로는 지금 우리나라 각 지방에서 쓰고들 있는 방언과 '사토리'는 모두 산스크리트어에서 비롯되고 있습니다.

이를 방언, 혹은 '사토리', 또는 사투리라고도 합니다. '사토리'는 우리말 뜻으로는 깨달음이 되고 있습니다.

이 같은 필자의 주장을 저 유명한 강상원 문학박사님께서 잘 증언을 해주시고 계십니다.

의성(意聲)과 의음(義音)

필자가 말하고 있는 의미를 읽는 초성(初聲)의 의성

(意聲)과 두문(頭文)을 읽는 의음(義音)을 설총 선생은 이두문(吏讀文)이라 했습니다.

실례로 우리말 의성(意聲)으로 개자식(皆子息)이라 하면 쌍말 같지만 아닙니다. 왜냐면? 저 개자식(皆子息)을 의음(義音)인 두문(頭文)으로 보면 개자식(皆子息)이 되기 때문입니다.

그래서 우리말은 모두 한문의 의성(意聲)과 의음(義音)으로 되어 있습니다. 실례로서 얼굴 용(容) 자에서 초성으로 '얼굴'이라 하는 초성(初聲)은 의성(意聲)이 되고 의음(義音)인 두문(頭文)으로 용(容)이 됩니다.

그래서 음서(音書)도 모음과 자음이 붙어서 한 단어가 되듯이 한문(漢文)은 의성(意聲)과 의음(義音)을 붙여서 얼굴 용(容)이라 읽습니다.

이렇게 한문(漢文)은 의성(意聲)과 두문(頭文)인 의음(義音)으로 읽는 한학(漢學)의 법도(法度)를 이두문(吏讀文)이라 했습니다.

한학(漢學)의 법도(法度)

그러므로 한학(漢學)에는 그 문자의 의미(意味)를 읽는 의성(意聲)을 초성(初聲)이라 합니다.

다음으로 두문(頭文)으로 의음(義音)을 줄줄 외워서 독송해야 하므로 한문 공부는 명창들처럼 음향의 멜로디가 좋아야 합니다.

그리고 두문(頭文)인 두음(頭音)을 암송해야 하므로 기억력이 좋아야 합니다.

예로서 만약 천자문(千字文)을 독송(讀誦)한다고 했을 때 먼저 "하늘 천(天), 따 지(地), 가물 현(玄), 누루 황(黃)"이라고 읽을 때에는 문자의 초성(初聲)을 회심곡처럼 고유가락으로 독송을 합니다.

그리고 "천(天), 지(地), 현(玄), 황(黃)이요, 우(宇), 주(宙), 홍(洪), 황(荒)"이라고 할 때는 두문(頭文)인 의음(義音)으로 암송을 하기 때문에 절로 신명이 열립니다. 그래서 한문 공부를 잘 하면 자연히 신심이 맑고 밝아짐니다.

그래서 필자도 네 살 때부터 다섯 살까지 한문 공부를 했습니다. 글을 얼마나 잘 읽고 외웠던지 아버지께서 어린 젖먹이를 꼭두새벽부터 곁에 앉혀 놓고 천자문(千字文)부터 읽고 외우게 하셨습니다.

다섯 살까지 『동몽선습(童蒙先習)』 개몽편(開蒙篇), 『명심보감(明心寶鑑)』을 읽고 외운 것까지가 한문 공부의 전부였습니다.

이 모두를 암송을 하노라면 학방 선생님은 어린 필자를 네 살 때부터 안고서 학방에다가 앉혀 놓고는 어린 필자에게 글 읽고 외우게 했습니다. 필자의 글 읽는 독송 소리를 그렇게도 듣기 좋아라 하셨습니다.

꼭두새벽에 저 멀리 개울 건너에 사시던 외할머니는 쇠죽을 끓이시다가 어린 외손자의 글 읽는 초성에 얼마나 반하셨던지 부뚜막을 장단 맞추어 두드리며 신명풀이를 하셨다는 얘기도 후일 자주 하셨습니다.

필자는 19세에 불법을 만났습니다.

불경(佛經)이 너무나 좋아서 늘 독송을 했습니다.

염불하는 초성 소리도 얼마나 특별했던지 그 염송하는 음파의 파장으로 법당에 걸린 큰 종도 신음소리를 내며 따라서 염불을 했다고들 했습니다.

광(曠)을 보는 한학(漢學)

한학(漢學)에는 시험(試驗)이란 말이 없습니다. 오늘날 시험의 의미로 광(曠)을 본다고들 했습니다.

한학(漢學)은 심명(心明)을 밝히는 학문이라고 해서 환할 광(曠) 자를 써서 광(曠)을 본다고 했습니다. 절대로 시험(試驗)을 본다는 용어를 쓰지 않았습니다.

오늘날 ○× 시험(試驗)의 유래는 죽느냐 사느냐 하는 삼군 사관학교 생도들의 시험 문제집에서 비롯되었다고 합니다.

광(曠)을 보는 한학(漢學)의 공부는 우선적으로 문장

(文章)을 초성으로 글을 읽는 독서(讀書)가 기본입니다. 그리고 두 번째로는 그 문장(文章)을 외워야 합니다.

그리고 세 번째로는 붓으로 글자를 잘 써야 합니다. 네 번째로는 해설을 잘 해야 합니다.

그래서 한학은 독서(讀書)로는 의식(意識)을 확장시켰고, 그리고 외우는 암송(暗誦)으로는 암울한 무의식(無意識)을 밝혔고, 또 그 문장(文章)들을 뇌리에 새기는 붓으로는 문자(文字)를 쓰는 서사(書寫)가 있습니다. 서사(書寫)로는 번거로운 잠재의식을 빛나게 했습니다.

그리고 문장(文章)의 뜻을 해설(解說)을 잘함으로써 스스로 깨닫고 아는 각성(覺性)이 열립니다.

그러므로 한학(漢學)을 조금이라도 했다고 하면 요즈음 고등대학의 석박사들보다는 신덕(身德)과 지덕(智德)과 행덕(行德)이 월등합니다. 그래서 옛날 한학자(漢學者) 중에는 오신통(五神通)이 열리신 분들이 몇 분 계셨습니다.

저 조선조 때 서화담 선생님과 토정 이지함 선생님

같으신 분들입니다.

　그리고 또 한학(漢學)에는 글 쓰는 도구를 붓이라 합니다. 한학(漢學)에는 필수 덕목이 글을 잘 써야 합니다. 그래서 학자는 필체가 좋아야 했습니다. 제 아무리 학문이 높다고 해도 붓으로 문자를 잘 못 쓰면 선비 취급도 안 했습니다.

　그래서 한학(漢學)에는 서예(書藝)를 매우 중요시 했습니다.

　그러므로 한학(漢學)에는 글 쓰는 도구인 붓이란 이름부터가 예사롭지가 않습니다. 이 글 쓰는 붓에는 세 가지의 고유명사가 있습니다.

　첫째 둔재를 깨닫게 한다는 뜻으로 붓트와, 둘째 바보를 깨닫게 한다는 뜻으로 붓두와, 셋째 완전한 깨달음을 뜻하는 붓다가 그것입니다. 그러므로 이 세 가지의 덕목을 타파하는 글 쓰는 도구를 고유명사로 붓이라 했습니다.

　그러므로 한학(漢學)에는 읽고 외우고 쓰고 해설을

하는 네 가지 덕목을 두루 다 갖추게 되면 자연히 초월의식이 열립니다. 그 초월의식을 삼명(三明)이라 합니다.

삼명(三明)이 열리면 자기 전생을 다 보는 숙명통(宿命通)과 시방세계를 앉아서 환히 다 보는 천안통(天眼通)과 생사를 초월한 누진통(漏盡通)을 다 봅니다. 이를 삼명(三明)이라 합니다.

그런데 붓이란 이름을 대변할 만한 우리말은 쉽지 않습니다. 펜도 연필도 다 마땅치 않습니다.

하기야 손끝의 말초신경(末梢神經)으로 살아가는 오늘날과 같은 말세(末世)에서 깨달음을 주는 붓이 무슨 소용이 되겠습니까.

한문(漢文)의 무량(無量)한 뜻 이야기

한문(漢文)에는 무량한 의미를 읽는 의성(意聲)이 있

고 무량한 철리를 읽는 의음(義音)인 두문(頭文)이 있습니다.

예로 '하늘 천(天)'이라고 했을 때 '하늘'은 초성인 의성(意聲)이 되고 '천'은 철리의 두문(頭文)인 의음(義音)이 됩니다.

그래서 천(天) 자를 무량(無量)한 의성(意聲)의 의미로는 저 높은 하늘을 뜻하지만 무량한 철리(哲理)의 의음(義音)인 두문(頭文)으로는 그 뜻이 심심 미묘합니다.

그래서 그 심오한 뜻을 알자면 회의문자(會意文字)로 되어 있는 문자(文字)를 일단 파자로 풀어보아야 합니다. 왜냐하면 한자는 한 획 한 획마다 여러 가지 의(意)와 의(義)를 가지고 있기 때문입니다.

그래서 한문을 회의문자(會意文字)라 합니다.

회의문자인 천(天) 자를 일단 파자로 풀어서 이해를 돕겠습니다.

그래서 천(天) 자를 파자로 풀어보면, 위에 가로 그은 한 일(一) 자는 하늘에 해와 달이 좌에서 우로 도는 좌표가 한 일(一) 자입니다.

하지만 좌표란 의미보다도 일(一) 자의 무량한 철리는 저 무변 허공계는 실제로 마이너스(一)장으로 되어 있다는 뜻입니다.

그리고 천(天) 자에서 위에 일(一) 자와 그 밑에 짧게 그은 일(一) 자는 하늘과 땅을 의미합니다. 바로 그 하늘과 땅을 의미하는 두 이(二) 자 중심에다가 사람 인(人) 자를 써서 양 발이 땅 밑으로 그어져 있습니다.

그러므로 영물인 인간도 하늘과 땅 사이에서 살다가 구처 없이 땅속으로 다 들어감을 시사하고 있습니다.

이 같은 뜻이 천(天) 자의 자상(字相)에는 다 입력되어 있습니다.

그런가 하면 천(天) 자에는 보다 더 심오한 우주의 물리학(物理學)이 있습니다. 천(天) 자를 완전히 분해하게 되면 곧 '일(一), 육(六)'이 됩니다. 무엇이 일육(一六)인가? 고대 우주 물리학인 하도락서(河圖洛書)에 보면 일육(一六)을 수(水)라 했습니다.

실제로 우주에는 모든 원소 중에서 4분의 3을 수소가 다 차지하고 있습니다.

그래서 지금도 저 태양은 수소 가스를 무진장 태우고 있다고들 합니다.

본래로 천(天) 자의 일(一) 자 밑에 있는 글자는 큰 대(大) 자입니다. 그 큰 대(大) 자는 가차문(假借文)으로는 육(六) 자가 됩니다. 육(六) 자의 본뜻은 일체중생의 육근(六根)의 공덕(功德)을 육덕(六德)이라 합니다.

실제로 저 육근(六根)의 육덕(六德) 공덕으로 일체중생은 잘 살아가고들 있습니다.

그러므로 큰 대(大) 자를 육덕(六德)의 공덕이란 뜻으로 '거룩하다'라고도 풀고 있습니다.

아, 보라. 이것이 한문(漢文)에만 있는 무궁무진한 의(意)와 의(義)의 철리입니다.

다음은 따 지(地) 자로 들어가 보겠습니다.

따 지(地) 자의 의(意)와 의(義)를 찾아보면 다음과 같습니다. 따 지(地) 자에서 좌변에 있는 부호는 흙 토(土)

자고 우변의 부호는 어떻게 하다의 의미를 가진 어조사 야(也) 자입니다.

하지만 저 흙 토(土) 자를 철리의 가차문(假借文)으로 풀어보면 곧 십일(十一)이 됩니다.

그러면 어째서 지(地) 자에는 흙 토(土) 자에 어조사 야(也) 자를 붙여서 땅 지(地) 자가 되고 있을까요? 그것은 저 대륙의 흙에는 열한 가지의 불가사의가 있다는 뜻입니다.

그러면 저 대륙의 열한 가지의 불가사의는 과연 무엇일까요?

첫째, 만유의 바탕이 되고

둘째, 열 가지 불가사의를 지닌 사해를 받아들이고

셋째, 땅속에는 무량한 보물이 있고

넷째, 만물을 내고 받아들이지만 증감이 없고

다섯째, 아무리 비가 와도 대륙을 넘지 못하고

여섯째, 바다와 달리 죽은 시체를 다 받아들이고

일곱째, 온갖 악취를 다 받아들여서 무취 무향으로 만들고

여덟째, 온갖 종자를 기르되 종자를 따라서 성질을 내고

아홉째, 쉼 없이 돌고 있으나 스스로는 부동하고

열 번째, 넓고 깊음을 알 수 없고, 무엇으로도 흙을 이기지 못한다. 물은 흙을 잠들게 할 수는 있어도 삭이지는 못하고, 불이 제 아무리 강력해도 흙을 녹이지는 못한다.

열한 번째, 대지는 무량한 공덕을 먼지 같은 티끌 속에도 다 숨기고 있으나 알 수가 없습니다.

반대로 저 바다에는 열 가지의 불가사의가 있습니다.

첫째, 비가 아무리 와도 불어나지 않고,

둘째, 아무리 가물어도 줄지 않으며,

셋째, 계천강하(溪川江河)가 다 들어가도 표가 없으

므로 수만의 강하가 모두 제 이름을 잃고,

　　넷째, 조수가 시간을 어기지 않으며,

　　다섯째, 너비를 알 수 없고,

　　여섯째, 점점 깊어지고,

　　일곱째, 보물이 무진장하고,

　　여덟째, 죽은 시체는 반드시 밖으로 다 밀어내고,

　　아홉째, 큰 물고기가 많으며

　　열 번째, 바닥까지 이를 수 없다.

　　모(母) 자의 이야기

　　음서(音書)인 한글로는 편하게 '어머니'라 쓰면 나를 낳아서 길러주신 고마운 어머니란 뜻이 됩니다. 그런데 한자(漢字)로 어머니란 뜻을 가진 어미 모(母) 자로는 무량한 의(意)와 무량한 철리의 의(義)가 모(母) 자 안에 다 기록이 되어 있습니다.

물론 의미로는 나를 낳아주신 어머니란 뜻입니다. 그런데 철리(哲理)로 보면 뜻이 엄청납니다. 모(母) 자의 자상(字相)을 잘 보세요. 가슴을 뜻하고 있는 사각 안에 가로로 그어 놓은 일(一) 자의 뜻은 고래로 여성들은 등과 가슴을 일(一) 자처럼 묶고 산다는 뜻입니다.

지금은 여성 사회라 할 정도로 세상이 살기가 좋다 보니 브래지어로 쉽게들 묶고 살지만 옛날 여성들은 치마의 말기끈으로 젖가슴을 꽁꽁 묶고 살았습니다.

왜 묶어야 하는가? 산모들은 산후의 후유증으로 얼굴에 심한 땀이 납니다. 그 허한증(虛汗症)을 다스리는 자연 치료학이 저 어미 모(母) 자에 있습니다. 곧 브래지어입니다.

특히 여성은 유방염과 유방암 같은 무서운 병을 미연에 예방을 하는 자연 치료학도 모(母) 자의 자상(字相)에는 다 있습니다.

보다 심오한 철리로는 모(母) 자 안에 두 개의 점입니다. 그 점은 여성의 두 개의 유두를 뜻하고 있습니다.

만약에 저 두 개의 유두를 쭉 내리그어 놓으면 있을 것이 없을 무(毋) 자가 됩니다.

그러므로 13~4세의 어린 소녀들에게 있을 생리가 아직은 없다는 뜻으로 있을 것이 없을 무(毋) 자로 쓰고 있습니다.

만약 두 개의 젖꼭지가 분명해지면 산모(産母)가 될 수도 있다는 뜻으로 모(母) 자가 됩니다.

또 저 모(母) 자를 한문(漢文) 육서(六書) 중에 의미를 달리 빌려서 쓰는 가차문(假借文)으로 보게 되면 모(母) 자는 넉 사(四) 자로도 봅니다. 그러면 무엇이 넷일까요?

오직 어머니들에게만 있는 사무량심(四無量心)이 있습니다.

무엇이 사무량심(四無量心)일까요?

오직 어머니들에겐 조건 없이 베푸는 네 가지 무량심(無量心)이 있습니다.

첫째는 위로 우러러보는 존엄성이 있습니다.

둘째는 밑으로 굽어보는 자비심(慈悲心)이 있습니다. 셋째로 남에게 조건 없이 베푸는 희사심(喜捨心)이 있습니다.

넷째로 자기를 버리는 헌신의 삶이 있습니다.

이를 사무량심(四無量心)이라고 합니다.

보세요, 한문(漢文)의 모(母) 자의 무량 의(意)와 무량한 철리인 의(義)가 무엇인가를 말입니다.

각(覺) 자 이야기

다음은 깨달을 각(覺) 자의 의(意)와 의(義)를 밝혀야 하겠습니다.

왜냐? 누구나 자신의 내면에 깨어 있는 각성(覺性)은 다 있습니다. 그런데도 일체중생은 그 각성(覺性)으로 살고 있으면서도 깨닫고 아는 각성(覺性)이 무엇인지조차 생각지도 못해 보고 살다가 구처 없이 죽어서는 저 나쁜 갈래로 다 떨어집니다.

그래서 필자는 참으로 심각한 깨달을 각(覺) 자의 문제를 가지고 생을 두고 얘기를 해왔습니다.

깨달을 각(覺) 자를 잘 보면 각(覺) 자의 두부에 있는 문체(文體)는 고등동물인 사람의 두부의 뇌 구조를 형설한 문체(文體)가 되고 있습니다.

그래서 각(覺) 자 좌변에 있는 문체(文體)는 깨닫고 아는 의식계(意識界)를 상징하고, 우변에 있는 문체(文體)는 잠든 상태와 같은 무의식계(無意識界)를 상징한 문체입니다. 그리고 또 그 양 뇌 중간에 있는 ×자 두 개를 포개 놓은 듯한 문체를 육효(六爻) 효(爻) 자라 합니다.

바로 이 육효(六爻) 효(爻) 자를 알면 자기를 아는 기회도 됩니다. 왜냐하면 육효(六爻) 효(爻) 자는 간뇌(肝腦)와 중뇌(中腦)가 대뇌와 소뇌뿐만 아니라 십조 구만 오천 사십팔 개나 되는 뇌세포까지도 서로 전후좌우 상하로 묘하게 교감이 되고 있음을 형설한 육효(六爻)

효(爻) 자입니다.

이렇게 불가사의한 육효(六爻) 효(爻) 자를 최대한 간략히 밝혀 보겠습니다.

사람이 태어날 때에는 마음의 삼성(意識, 潛在意識, 無意識)이 흡사 맛있는 음식을 보면 저절로 입안에서 군침이 생기듯이 마음의 삼성은 이성을 만나게 되면 자연히 성정(性情)으로 굳어진 중음신(中陰身)이 생깁니다.

쉽게 이해를 하려면 누구나 꿈에 보이는 자신의 몸이 별개로 있음을 경험해 보았을 것입니다. 그 몸을 중음신(中陰身)이라 합니다.

그 중음신이 부모의 성교를 통하여 어머니의 모태로 일단 입태(入胎)를 합니다.

입태(入胎)를 할 때에 마음의 속성 셋은 중음신(中陰身) 속으로 들어갑니다. 삼성이 들어가면서 깨닫고 아는 각성의 큰 터널 세 개를 먼저 몸속에다가 창조해 냅니다. 그 큰 터널 셋을 고전침구학에서는 삼맥(三脉)이라 합니다.

그 삼맥(三脉)은 성기인 회음(會陰)에서 동시에 일어나서 광속으로 서로 감쳐 돕니다. 돌면서 3321의 우주 에너지를 둘둘 말아서 절구통 통 같은 몸통을 일단 만들어 냅니다.

그 몸통 속에다가 전후좌우로 상하로 삼맥(三脉)이 함께 돌면서 일단 두부로 상행을 합니다.

상행을 하다가 몸통 앞 복부 쪽으로는 자율신경계(自律神經系)인 임맥이 두부로 상행을 합니다.

또 등 뒤로는 척추 지각신경계(知覺神經系)인 독맥(督脉)이 두부로 상행을 합니다.

또 회음(會陰)에서 일어난 마음의 삼성(三性)인 삼맥(三脉)이 서로 함께 둘둘 말리면서 배꼽과 등의 명문혈에서 전후좌우 반대로 서로 묘하게 교감이 됩니다. 교감이 되면서 전신을 휘감아 붙이는 미주신경계(迷走神經系)가 됩니다. 이를 창조의 신인 대맥(帶脉)이라 합니다.

저 삼맥(三脉)이 두부로 일단 상행을 하다가 배꼽과

등의 명문혈에서 삼맥(三脉)이 전후좌우 반대로 서로 교감되면서 삼맥(三脉)은 곧 육경(六經)이 됩니다.

또 그 육경(六經)이 상하로 교감이 되면서 12신경계가 됩니다. 저 12신경계가 무량한 뇌세포를 둘둘 말아서는 두뇌를 모두 창조해 냅니다. 이 두뇌를 고인들은 용궁(龍宮)이라 했습니다.

이렇게 마음의 속성인 삼맥(三脉)은 참으로 불가사의한 두뇌를 모두 장엄해 놓았습니다.

그리고 또 저 육경(六經)이 각성(覺性)의 터널인 삼맥(三脉)을 타고 다시 두부로 올라가면서 굴밖에 없는 얼굴에다가는 안이비설신의(眼耳鼻舌身意)란 육근(六根)을 창조해 내고는 거기 육근(六根)에다가 깨닫고 아는 각성의 시녀 육식(六識)을 상주시켜 놓았습니다. 바로 이 육식(六識)의 식심(識心)을 심(心)이라 합니다.

이렇게 해서 사람의 두부는 저 깨달을 각(覺) 자와 똑같은 불가사의한 묘각(妙覺)의 빛 각성(覺性)이 두루 머물게 되었습니다.

아, 보라. 저 그 먼 옛날에 이미 두뇌의 해부학도 각(覺) 자로 설파를 해놓았습니다. 뿐만 아니라 오늘날 첨단과학으로는 상상도 못하는 마음이 일체를 다 창조할 때에 육감(六感)의 육식(六識)인 식심(識心)이 어떻게 정신활동을 하고 있는가를 각(覺) 자 한 자에다가 묘하게 설명을 다 해놓고 있습니다.

이 같은 문자(文字)의 불가사의(不可思議)는 모두 제불이 불안(佛眼)으로 일체중생의 식심을 환히 다 보시고 한문(漢文)을 만들었기 때문입니다.

그래서 세존은 『열반경』 문자품(文字品)에서 저 모든 언어와 주문과 주술과 문자는 모두 부처님이 만든 것이요, 저 외도나 식자들이 만든 것이 아니라고 하셨습니다. 그러므로 모든 언어와 문자의 뜻은 곧 여래장(如來藏)이라고 하셨습니다.

아, 보라. 각(覺) 자의 중심에는 육효(六爻) 효(爻) 자와 같은 간뇌(肝腦)와 중뇌(中腦)가 전후 좌우 상하로 교묘하게 반대로 교감이 되고 있음을 육효(六爻) 효(爻)

자가 기가 막히게 자설을 하고 있습니다.

보라. 저 육효(六爻) 효(爻) 자는 간뇌(肝腦)와 중뇌(中腦)를 뜻하고 있습니다. 간뇌(肝腦)와 중뇌(中腦)가 사방 팔방으로 반대로 서로 교감이 되면서 일체중생이 생명 활동을 하고 있습니다. 그 신비의 좌표가 육효(六爻) 효(爻) 자가 되고 있습니다.

그래서 효(爻) 자를 잘 보면 전후, 좌우, 상하로는 대뇌(大腦)와 소뇌(小腦)를 교감시켜 놓고 있으며, 대뇌 소뇌의 그 중심부에서 간뇌(肝腦)와 중뇌(中腦)가 서로 두 뇌를 전후좌우 상하를 모두 동반이합(同反異合)으로 잘 교감을 시켜놓고 있습니다. 저 육효(六爻) 효(爻) 자처럼 말입니다.

그러므로 일체중생은 만약 좌뇌나 우뇌에 이상이 생기면 벼락같이 반대편 쪽을 못쓰게 되는 반신불수가 됩니다.

또 간뇌(肝腦)와 중뇌(中腦)에 문제가 생기면 단박에 언어불어나 시각장애는 말할 것도 없고 단박에 상하

반신 마비나 식물인간도 됩니다.

이렇게 각(覺) 자에는 저 모든 마비성 질환의 정황까지도 잘 설해 놓고 있습니다.

아, 보라. 한민족이여. 이렇게도 지극 지묘한 제 나라 제 조상의 글인 한문(漢文)을 어떻게 그 후손들이 이 지경으로 말살을 시켜 놓았단 말입니까?

한민족이여, 정말로 그대들이 멀쩡한 사람인가요? 어찌 감히 제 나라 제 민족의 말과 글을 이렇게까지도 무시를 하다니 기가 막힙니다.

그리고 각(覺) 자의 두부 밑에 덮을 멱(冖) 자의 뜻은 일체중생들이 머릿속에서 일으키고 있는 모든 식심분별을 싹 덮어 버렸다는 뜻으로 쓴 덮을 멱(冖) 자입니다.

누구나 자신의 머릿속에서 일으키고 있는 식심분별이 덮고 있는 마음의 구름을 벗겨 버리고 나면 자연히 구름이 걷히면 태양이 밝게 보이듯이 저 묘각의 빛 각성이 환하게 밝아옵니다.

그래서 깨달음을 얻으면 반드시 자(子) 자가 붙습니다. 불문에는 사리자(舍利子) 수보리자(子) 부루나미다라니자(子)가 있고, 도학에도 노자(老子) 공자(孔子) 장자(莊子) 같은 성자가 있었습니다.

왜냐면 자(子) 자 자체(自體)를 파자로 풀어 보면, 한 마음을 뜻하고 있는 한 일(一) 자에 그 하나를 깨끗이 소멸시켜 버렸다는 뜻으로 마칠 료(了) 자를 한 일(一) 자 중심에다가 써 넣고 있습니다. 이 글자를 아들 자(子)로 읽습니다. 아들이란 다음에 성불(成佛)을 할 불자(佛子)란 뜻입니다.

그리고 또 그 덮을 멱(冖) 자 밑에 나타날 현(見) 자가 들어가면 완전한 깨달을 각(覺) 자가 됩니다.

누구나 자신의 내면에는 전지전능하게 자신의 주변과 몸과 마음을 두루 다 온통 다 드러내어 보여 주는 광명장과 같은 드러날 현(見) 자가 있습니다. 그 대광명장(大光明藏)의 신비를 구체적으로 밝힌 한문(漢文)

글자가 깨달을 각(覺) 자입니다.

　모두 광명장(光明藏)인 각(覺) 자가 되어 봅시다.

안녕

10
다도(茶道) 이야기

예사롭지도 않는 다도(茶道)란 말을 우리는 예사로 쓰입니다. 그러니까 뭇 생각이란 뜻으로 중생이라 하지요. 그냥 물을 끓여서 마시는 법도를 다도(茶道)라 하겠지요.

　한문(漢文)을 국어(國語)로 쓰고 있는 일본 사람들은 도(道) 자를 많이들 씁니다. 그래서 일본 사람들은 만사에 법도(法度)가 있습니다. 아마도 지구촌에서는 가장 예절이 바른 민족일 것입니다.

　그러므로 동양의 정신문화(精神文化)의 꽃은 일본이 다 활짝 피워 놓았습니다. 십만 자(字)에 가까운 한문

(漢文)은 문자가 가진 한 획 한 획에도 무량한 의미의 의(意)가 있고 또 무량한 철리(哲理)의 의(義)가 별도로 있습니다.

그래서 한학(漢學)의 기본은 사람의 관상(觀相)을 보듯 문자(文字)의 자상(字相)을 잘 볼 줄을 알아야 합니다.

그래서 도(道) 자의 자상(字相)을 잘 보면 머리 수(首) 자 밑에 있는 부호를 뛰어넘을 착(辶), 혹은 쉬엄쉬엄 걸어갈 착(辶)으로도 읽습니다. 그러므로 도(道) 자의 의미인 의(意)로는 모든 길을 의미하지만 철리인 의(義)로 들어가 보면 높은 담을 훌쩍 뛰어넘듯이 인간의 오만, 교만으로 가득한 마음의 높은 벽을 훌쩍 뛰어넘어야만 합니다.

그러면 곧 깨달음의 도가 활짝 열립니다.

그래서 깨달음을 구하는 모든 종교(宗敎)의 상투용어는 도(道) 자가 되고 있습니다.

세속에서도 도(道) 자를 쉽게들 쓰고 있습니다. 심지어 호주가(好酒家)나 호색가(好色家)들도 주도(酒道)니

색도(色道)니 합니다. 마찬가지로 좀 고급하게는 마시는 물의 요식에서도 다도(茶道)라고들 합니다.

옛부터 산사의 선승들이 다양한 풀잎을 숙성시켜서 그것을 달여서 마시는 법도(法度)를 다도(茶道)라 했습니다.

사실은 지금 필자가 세속의 속된 다도(茶道) 얘기를 하고자 함은 아닙니다.

세상에서 말하는 다도(茶道)를 보면 고급스런 다기에다가 다양한 초근목피를 숙성(熟成)시켜가지고는 그것을 달여서 그 물을 지인들과 마시는 귀족적 품위를 다도(茶道)로 봅니다.

저들의 요식을 보면 곱게 단장을 한 여인도 있어야 합니다. 고운 손으로 공손히 받들어 올리는 예절의 요식을 가지고도 다도(茶道)라 합니다.

그러나 다도(茶道)의 참 뜻은 깨달음에 있습니다.

물 한 모금을 마시면서도 그 물 한 모금을 음미(吟味)하면서 그 음미(吟味)하는 미각(味覺)을 주시하는 각관(覺觀)의 지혜를 다도(茶道)라 했습니다.

그러므로 꼭이 고급한 차상과 찻잔이 아니더라도 하다못해 시원한 냉수를 한 바가지 떠가지고 마시면서도 전신으로 느끼는 감성을 주시하는 관법이 곧 다도(茶道)의 본뜻입니다.

그러므로 다도(茶道)는 저 시중의 민중들이 푸념을 삭이는 다방의 개념과는 판이하게 다릅니다.

그래서 필자가 지금 다도(茶道)의 본뜻을 옳게 알고 바르게 사유를 하는 지적 행위를 밝혀두려고 지금 다도(茶道)를 언급하고 있습니다.

옛날부터 선가(禪家)에서는 다도(茶道)를 무척 사랑해 왔습니다. 지금도 절에 가보면 천년 묵은 고목 널판자로 만든 값비싼 다상(茶床)에다가 고급한 다기(茶器)와 고가의 명다(名茶)를 달인 물을 서로 주고받고 하는 고상한 미소의 정경도 많이 보았을 것입니다.

비록 산사의 선객이 아니더라도 다도(茶道)가 유심식정(唯心識定)을 닦는 정신수행의 한 방편인 줄은 모두 까맣게 모릅니다. 다도(茶道)라면 그저 시중의 호사가(好事家)들이 회포를 즐기는 다방의 개념일 뿐입니다.

그래서 다도(茶道)는 음미하는 미각(味覺)을 통하여 사유하는 식심을 주시하는 관법(觀法)이 다도(茶道)임을 잘 밝혀 두려고 합니다.

아, 보라. 저 마시는 음미(吟味)의 미각(味覺)을 지각(知覺)하는 식심(識心)을 돌이켜보는 각관법(覺觀法)이 곧 산사(山寺) 선방(禪房)의 다도(茶道)일 줄이야. 그래서 다도(茶道)는 옛 선사들이 잠시나마 망상과 시름을 잊고 자기 안에서 항상 밝게 깨어 있는 조건 없는 행복을 맛보고자 하는 유심식정(唯心識定)이 곧 다도(茶道)입니다.

본래로 식심분별(識心分別)을 주시하는 유심식정(唯心識定)을 닦는 그 유래는 앞으로 56억 7천만 년 후에 성불(成佛)하실 미륵보살님이 수만 생을 수행을 해오신 성도(成道)의 한 방편이었습니다.

미륵보살은 구원겁 전부터 유심식정(唯心識定)을 닦

았습니다. 그 유심식정(唯心識定)의 오묘한 깨달음을 후학들이 음미하는 물 한 잔 속에서 찾아본 식심관법(識心觀法)이 곧 다도(茶道)입니다.

그러므로 다도(茶道)를 방편 삼아 깨달음으로 들어가 보고자 했던 유심식정(唯心識定)의 지혜는 참으로 심심 미묘합니다.

마치 저 오대산(五臺山) 심산유곡에 자리한 적멸보궁(寂滅寶宮)을 찾아들듯 해야 합니다.

그러면 지금부터 물 한 잔을 통하여 저 오대산 적멸보궁(寂滅寶宮)으로 들어가 봅시다.

지금 당장 적멸보궁(寂滅寶宮)으로 들어가 보자면 깊고 깊은 산속으로 들어가듯이 심심한 마음속으로 들어가 보아야 합니다. 보다 더 높고 더 높은 중대에 있는 적멸보궁(寂滅寶宮)으로 들어가 보자면 지고히 높고 높은 묘각(妙覺)의 각성(覺性)을 조금이라도 더듬는 지혜가 있어야 합니다.

이렇게 마음을 없애는 도 닦는 얘기만은 전부가 은

유 비유입니다. 그 까닭은 상 없는 상을 얘기하자니 언설 문자로는 은유 비유밖에는 없습니다.

본래로 저 청정 묘각(妙覺)의 빛 각성(覺性)은 아무 것도 없는 상 없는 상입니다. 다만 불가사의한 대광명 장(大光明藏)입니다. 그렇기 때문에 그 실상을 꼭이 얘 기라도 해 보자니 은유 비유밖엔 없습니다. 그러나 저 은유 비유의 말 속에는 세존이 머물고 계시는 여래장(如來藏)이 있기에 말입니다.

그러면 지금부터 유심식정(唯心識定)이란 관광버스 를 타고 다도(茶道)의 본론으로 들어가 봅시다.

들어가자면 깨치지를 못한 이상 군소리는 좀 집어 던지고 이정표와 같은 한문(漢文)의 차 다(茶) 자를 파 자로 풀어서 그 뜻부터 먼저 알고 가야 합니다.

다도(茶道)란 두 글자를 모르면 마치 저마다 쓰고 있 는 마음의 밑바탕에서 항상 밝게 깨어 있는 각성(覺性) 을 어림유추도 못하면서 도(道)를 닦는 꼴이 됩니다.

누구나 자신의 내면에는 항상 맑고 밝게 깨어 있는

각성(覺性)이 있습니다. 우리가 늘 깨닫고 아는 본래의 것입니다. 그런데 우리는 묘각(妙覺)의 빛 각성(覺性)으로 모두 살고 있으면서도 그것을 까맣게 모릅니다.

자신의 각성(覺性)을 까맣게 모르고는 세상에 안다고 할 것은 아무것도 없습니다.

그러므로 잠시 눈을 감든 뜨든 편안히 앉아서 자신의 코끝을 주시만 하고 들숨 날숨을 조용히 지켜만 보세요. 그렇게 앉아 있노라면 홀연히 자신의 신심을 환히 다 드러내어 보여주고 있는 각성(覺性)을 누구라도 느낄 수 있습니다.

바로 이 각성(覺性)만 조금이라도 잡았다면 만사 오케이입니다.

다(茶) 자의 철리(哲理)

잘 보세요. 차 다(茶) 자 두부에 있는 부호를 초두(艸

頭)라 합니다. 초두(艸頭)란 말의 뜻은 글자 머리 위에 있는 글자란 의미입니다.

저 초두(艸頭)란 글자는 풀 초(艹) 자입니다.

저 풀 초(艹) 자를 한문육서(漢文六書) 중에서 의미를 달리해서 이용을 하는 전주문(轉注文)의 의미로 풀면 20이란 뜻의 스물 입(卄) 자가 됩니다.

다(茶) 자는 그 스물 입(卄) 자 밑에다가 사람 인(人) 자를 쓰고 있습니다. 또 그 인(人) 자도 한문육서(漢文六書) 중에 가설로 빌려서 쓰는 가차문(假借文)으로는 여덟 팔(八) 자가 됩니다.

또 그 팔(八) 자의 밑에다가 나무 목(木) 자를 써 넣고 있습니다. 그 나무 목(木) 자를 또 파자로 풀면 십팔(十八)이 됩니다.

이렇게 한문(漢文)은 한 글자를 가지고도 다양하게 응용을 합니다. 그러므로 무량한 의미와 무량한 철리로 풀 수가 있습니다. 이렇게 한문(漢文)은 문자(文字) 그 자체(字體)가 여러 가지 뜻이 함축되어 있는 회의문자(會意文字)입니다.

그래서 한 글자를 가지고도 무량한 의미의 의(意)와 무량한 철리인 의(義)로도 풀 수가 있습니다.

그러므로 다(茶) 자의 자상(字相)을 잘 보아야 합니다. 다(茶) 자의 관상(觀相)을 우리말로 쉽게 풀면, '사람의 머리가 스멀스멀 할 때에는 18계로 들어가 보라'의 뜻이 됩니다.

그렇다면 저 다(茶) 자의 무량한 의(意)와 무량한 철리로 일단 들어가 보아야 합니다. 다도(茶道)라고 하는 문자(文字)의 철리로 들어가자면 우선적으로 회의문자(會意文字)로 되어 있는 다(茶) 자를 구체적으로 풀어서 읽어 보아야 합니다.

다(茶) 자의 머리 위에는 풀 초(艸) 자가 있습니다. 그 풀 초(艹) 자를 스물 입(卄) 자로도 읽습니다. 그래서 누구나 마음이 스멀스멀 할 때에는 흔히 차(茶)라도 한 잔을 끓여서 마시며 무심히 앉아만 있어도 자연히 신심은 편안해집니다.

물론 차(茶)를 마실 때에는 사유하는 식심의 법도까지도 다(茶) 자에 붙어 있는 부호의 의(意)와 의(義)가 친절히 안내를 해 주고는 있습니다.

다(茶) 자의 두부에 있는 풀 초(艸) 자와 사람 인(人) 자를 한문육서 중에서 가차문(假借文)으로 해독을 하면 스물 입(卄) 자에 그 밑에 인(人) 자 또한 여덟 팔(八) 자가 됩니다.

그렇다면 다(茶) 자 두부의 부호를 가차문으로 풀면 스물여덟이란 뜻이 됩니다.

그렇다면 과연 무엇이 이십팔(二十八)이란 말인가?

온 인류가 지금 살고 있는 이 지구촌 머리 위에는 북두칠성(北斗七星)이란 큰 별이 동서사방(東西四方)에 각각 칠성(七星)이 있습니다.

그러면 지금 지구촌을 감싸고 도는 저 하늘에는 스물여덟(28) 개의 큰 별이 있습니다.

이를 동양에서는 이십팔수(二十八宿)라 합니다.

저 이십팔수(二十八宿)는 지금 이 순간에도 온 인류

가 살고 있는 이 지구촌에다가 엄청난 길흉화복(吉凶禍福)의 전자파를 보내고 있다고 합니다.

그래서 일찍이 세존께서도 저 별들은 온 인류에게 온갖 재앙을 일으키고 있다고 하셨습니다. 실제로 하늘에 저 별들뿐만 아니라 지구촌에 달고들 있는 숱한 저 별들은 마왕이라 하셨습니다. 지금도 별들의 전쟁이 아닙니까?

그런데 저 칠성(七星)을 숭배하는 사상(思想)은 지금도 민속신앙으로 보존이 되고 있습니다.

그래서 전국 사찰에 가보면 절마다 칠성당(七星堂)은 다 있습니다. 뿐만이 아니라 세상의 제례 요식에도 보면 다례(茶禮)라 해서 꼭 다기(茶器)에다가 술이나 정화수를 담아서 받들어 올리는 제례 법도가 있습니다. 이 모두는 다(茶) 자에 자설이 되어 있는 칠성사상(七星思想)입니다.

아, 보라. 물 한 잔을 마시는 저 다도(茶道)에는 이렇게 소박한 민속신앙이 있는가 하면 보다 더 심심미묘한 깨달음으로 가는 유심식정(唯心識定)을 닦는 지혜도 있습니다.

그러면 지금부터는 다도(茶道)를 통하여 무량한 고뇌도 벗어 던지고 보다 심각한 생사(生死)도 벗어 던지는 다도(茶道)의 지혜를 밝혀 보겠습니다.

우선 다도(茶道)로 가자면 누구나 잠깐 자기 자신의 내면으로 쉬엄쉬엄 들어가 보아야 합니다. 서서히 들어간다는 말은 차를 한잔 마시면서 육감(六感)을 총동원한다는 얘기입니다.

육감으로 음미하는 차 맛을 느끼고 깨닫고 아는 앎은 모두가 십팔계(十八界)로 일어납니다.

그러면 무엇이 십팔계(十八界)일까?

육감(六感)으로 느끼고 생각하는 지각(知覺)을 깨닫는 심리의 철리가 곧 십팔계(十八界)가 됩니다.

십팔계(十八界)로 모든 심리현상이 일어난다는 뜻입니다. 그러면 어떻게 해서 십팔계(十八界)가 될까요?

중생들의 얼굴에는 육근(六根)이 있습니다. 그 육근 (六根)은 눈, 귀, 코, 입, 몸, 뜻입니다.

저 안(眼), 이(耳), 비(鼻), 설(舌), 신(身), 의(意)란 육근 (六根)×안과 밖과 중간인 삼처(三處)가 화합이 되면 곧 십팔계(十八界)가 됩니다.

저 숱한 사념망상도 다 십팔계(十八界)로 일어납니다.

그래서 우리는 예사로 십팔(十八)놈이란 말을 잘합 니다. 그러면 지금 십팔(十八)놈이 음미(吟味)하는 차와 맛과 지각(知覺)이 육감(六感)과 교감이 되면서 깨닫고 아는 앎은 곧 십팔(十八)에서 일어납니다.

일체중생은 다 이렇게 십팔(十八)로 깨닫고 압니다. 바로 저 십팔(十八)로 일어난 앎을 두루 다 드러내어 보여주는 자는 곧 묘각(妙覺)의 빛 각성(覺性)입니다.

저 묘각(妙覺)의 빛 각성(覺性)은 본래로 시방 법계 를 두루 다 머금고 있으면서 누가 무엇을 어떻게 하느 냐에 따라서 온갖 향과 맛과 앎을 거울처럼 조건 없이 다 드러내어 보일 뿐입니다.

저 무변 허공계를 두루 다 머금고 있는 묘각(妙覺)의 빛 각성(覺性)은 중생들의 마음이나 그 마음의 시녀 육근(六根)으로 느끼고 생각하고 지각하는 앎을 두루 다 드러내어 보여주고만 있을 뿐입니다.

그 이치를 수식으로 풀어 보면 육근(六根)의 6×3처(內, 中, 外)는 십팔계(十八界)가 됩니다.

하지만 십팔계(十八界)로 일어난 저 모두를 두루 다 깨닫고 두루 다 아는 묘각의 빛 각성은 항상 비추어서 거울처럼 보여줄 뿐입니다.

그러므로 저 묘각(妙覺)의 거울인 여래장(如來藏)은 일체 만법이 여래장(如來藏) 안에서 오고 갔지만 오고 간 그 자취는 맑고 밝은 거울 속엔 어떠한 자취도 있을 수가 없습니다. 다만 비추고만 있었을 뿐입니다.

그러면 지금부터 차나 한잔 머금고 거울과 같은 유심식정(唯心識定)으로 들어가 봅시다.

지금 내가 마시는 차(茶)의 맛이 과연 저 풀잎에서 나왔을까?

내 입에서 그 차의 맛이 나왔을까?

내 마음에서 저 차 맛이 나왔을까?

이렇게 삼처를 지적인 느낌으로 잘 관찰을 해보라. 만약 찻잎에서 차 맛이 나왔다면 찻잎이 제 스스로가 차 맛을 알 일이지 왜 하필 내 입안의 미각을 통하여 차 맛을 알 것이 무엇이며, 만약 그 차 맛이 미각(味覺)에서 나왔다면 미각(味覺) 제 스스로가 차 맛을 다 알 일이지 왜? 하필이면 풀잎을 달인 물을 꼭 입으로 음미하고서야 온갖 차 맛을 안단 말인가?

그리고 또 지각(知覺)하는 마음에서 차의 맛이 다 나왔다면 제 마음이 스스로 다 알 일이지 무엇 때문에 차(茶)와 미각(味覺)과 지각(知覺)을 두루 빌리고서야 차 맛을 깨달을 까닭이 무엇이란 말인가?

그러므로 알라. 저 차와 입과 앎을 온통 다 드러내어 보여주고 있는 저 묘각(妙覺)의 거울은 차도 입도 앎도 아니요 또한 아닌 것도 아닙니다.

왜냐면 차와 입과 앎을 두루 다 깨닫고 있기 때문입

니다.

그렇다면 저 모두를 두루 다 깨닫고 두루 다 아는 묘각의 각성은 그것도 저것도 아니요 아닌 것도 아니며, 곧 그것이 그것이라고 하는 십여시(十如是)의 여래장(如來藏)이 됩니다.

10절대긍정사(十絕對肯定辭)인 십여시(十如是)로 들어가 보자면 그 화두가 다도(茶道)이든 간화선이든 각관의 삼매이든 간에 일단 이치로 깨닫는 해각(解覺)이 없으면 복잡한 식심분별의 사유망상에 다 빠집니다.

그러므로 바른 해각(解覺)이 있어야만 십여시(十如是)인 여래장(如來藏)으로 바로 들어갈 수가 있습니다.

다도(茶道)의 경우로 보면 차와 입과 앎이란 삼처를 일단 부정을 한 그 부정의 긍정은 곧 시시비비(是是非非)가 됩니다. 바로 그 시시비비(是是非非)를 한 번 더 극단(極端) 부정(否定)을 하게 되면 곧 무극(無極)이 됩니다.

왜냐하면, 차와 맛이 앎이 있고 없고 있지도 없지도

않은 것을 두루 다 깨닫고 아는 각성은 실로 아무것도 없는 무상이므로 극단부정(極端否定)이 될 수밖에 없습니다. 그 극단부정(極端否定)의 고유명사를 무극(無極)이라 합니다.

바로 그 아홉 번째로 극단부정(極端否定)의 무극(無極)은 비록 어떤 모양도 없는 무상(無相)이지만 그 무상지상(無相之相)의 무극(無極)이 열 번째로 절대긍사(絶對肯辭)가 되고 나면 곧 그것이 그것이라고 하는 절대긍사(絶對肯辭) 여시(如是)가 됩니다.

바로 저 절대긍정사로 일어난 십여시(十如是)는 삼세제불이 성취를 하신 곧 여래장(如來藏)입니다.

저 십여시(十如是)인 여래장(如來藏)에는 일체 만법이 들송날송을 하지만 거울이 만상을 비추더라도 거울 속에는 아무런 자취가 없는 것과 꼭 같습니다.

이 같은 묘각(妙覺)의 거울을 여래장(如來藏)이라 합니다.

그래서 여래장(如來藏)을 비유하면, 수천만 종의 악

기에는 각별한 소리는 다 있습니다. 그러므로 묘한 입술과 묘한 손가락을 만나면 온갖 소리를 다 냅니다. 하지만 소리의 성품은 아무것도 없는 무상지상(無相之相)인 여래장(如來藏)일 뿐입니다.

또 좋은 비유로는 수천만 종의 등불은 각별하지만 환하게 밝은 광명장(光明藏) 안에서는 저 모든 등불을 찾아볼 수도 없습니다. 다만 환하게 밝은 광명장(光明藏)일 뿐입니다.

또 수천만의 계(溪), 천(川), 강(江), 하(河)가 다 바다로 들어가지만 저 바닷물 속에서는 온갖 강하의 이름도 찾아볼 수가 없듯이 저 여래장(如來藏) 가운데서는 부처도 중생도 삼매선정도 찾아볼 수가 없습니다. 바로 이것이 여래장(如來藏)의 불가사의(不可思議)입니다.

지금 필자가 하고 있는 작업도 바로 일체중생을 아무것도 없는 지극 지묘한 극락의 여래장(如來藏)으로 모시고자 하는 작업일 뿐입니다.

그러므로 다도(茶道)란 차와 맛과 마음이 어우러진

저 허구망상의 춤입니다. 이 모두가 저 여래장(如來藏) 가운데서 생멸을 하는 미각의 춤일 뿐입니다.

만약 누가 저 다도(茶道)의 지혜로 유심식정(唯心識定)에 들어가서 여래장(如來藏)으로 들고자 한다면 반드시 불지(佛智)와 여래지(如來智)와 연각지(緣覺智)와 자연지(自然智)와 세지(世智)가 있어야 합니다.

하지만 어림도 없습니다. 그러므로 이래저래 아무것도 없는 사람이라면 여기에 시원한 냉수나 한 잔 마시고 조용히 지켜만 보세요. 지켜만 보는 그 자가 곧바로 여래장(如來藏)입니다.

안녕

11

불경은 의(意)와 의(義)로 보라

세상을 오탁악세라 합니다.

　비유로 혼탁한 연못은 바로 이 사바세계입니다. 그 혼탁한 오물 속에 자라난 연근은 뭇 중생의 선근 종자를 뜻합니다.

　일승도의 상징인 외줄기로 활짝 피어낸 한 송이의 연꽃은 대승경전인 『묘법연화경』을 뜻합니다.

　그리고 둥글고 반반한 연판에서 결실을 잘 맺은 연실은 곧 『대반열반경』을 뜻[義]합니다. 그러므로 『대반열반경』은 곧 만법의 씨앗인 연화의 연실(蓮實)입니다.

　그리고 저 연꽃의 열매를 속설에 연밥이라고도 합

니다. 그러므로『대반열반경』의 서품에는 순타의 공양 이야기가 먼저 나옵니다.

만법의 씨앗인 연실은 곧 연밥이란 음식이기 때문입니다. 지금 필자는 무량의(無量義)인 의(義)로『대반열반경』을 풀고 있습니다.

왜? 하필이면 세존은 순타(純陀)의 공양만을 받으셨을까요? 순타의 공양만을 받으신 세존의 마음인 무량의를 알자면 우리말 사토리로 '순타'란 속어가 있습니다. 사토리란 깨달음을 뜻하고 있습니다.

'순타'란 사토리를 우리말 의미의 의(意)로 풀면 온순(溫純)하고 지순(至純)하고 순박(素朴)함을 뜻합니다. 모든 종교의 생명은 아상·인상·중생상·수자상이라 하는 사상(四相)을 버린 사람만이 순타(純陀) 같은 현자가 됩니다.

세존은 그 누구의 공양도 받지를 않았습니다.

오직 순타의 소박하고 지순하고 양순하고 온순한 마음의 공양만을 받았습니다.

마왕의 주문 공양도 받았습니다. 그 공양도 중생을 불쌍히 여기는 갸륵한 마음의 공양입니다. 실제의 음식물 공양은 무엇 하나도 받지를 않았습니다.

일반 세속의 중생도 임종 시에는 아무것도 먹지를 못합니다. 왜냐면 일체를 다 버리고 떠나야 하기 때문입니다. 심지어 평생 호흡하고 살아온 공기 한 홉마저도 다 토해놓고 가야 합니다.

그런데 세존이 무엇을 잡수셨단 말씀입니까? 세상에 몹쓸 돌파리들의 망언에는 석가세존은 순타가 준 독버섯을 잡수시고 그 독으로 운명하셨다고 하는 허구망언이 떠돌고 있습니다.

바로 이 언어망발의 심각한 문제 때문에 필자가 지금 이『대반열반경』에 가필을 좀 하고 있습니다.

사실은 홍광보살로 이 세상에 나오신 운허 스님께서 무척이나 어렵고 난해한 대장경을 많이도 한역을 잘 해 놓으셨습니다.

지금 필자도 운허 스님의 한글『대반열반경』을 보

고 있습니다. 어디도 문제가 없는 『대반야경』입니다.

불자라면 세존의 열반상에 독버섯 망언 같은 허구 낭설을 바로잡아야 합니다.

부처님의 입안에는 시방 제불세계의 조미료 공장이 가득 합니다. 설령 독버섯의 독이 세존의 입안으로 들어갔다고 손치더라도 입술에 닿기 무섭게 시방 제불의 감로로 다 변합니다.

또 하나 물어 봅시다. 『열반경』 어느 품에서 세존이 직접 음식을 잡수신 기록이 있습니까? 제불공양은 소박한 마음입니다. 저 사상으로 구족된 지존의 명예로운 공양물은 일절 받지를 않으셨습니다.

그리고 열반의 몇 가지 명칭에 대하여 좀 생각을 해 보고 넘어가야겠습니다.

지금 세존의 열반(涅槃)을 대반열반(大槃涅槃) 혹은 무여열반(無餘涅槃)이라고도 합니다. 그 까닭은, 청정 묘각의 각성이 시방 제불세계와 시방 법계와 시방 일체중생의 미진수 세포에도 두루 가득 충만해짐을 성불이라 합니다.

그러므로 성불을 하신 부처님들은 육신을 버리시고 죽음의 대명사 열반을 하시게 되면 움직이면서도 고요한 적정에 머물러 계시는 동중정(動中靜)과 고요한 적정에 머물러 계시면서도 온갖 행위를 하시는 정중동(靜中動)의 불가사의한 삼신불(三身佛)인 법신(法身) 보신(寶身) 화신불(化身佛)이 마침내 한 몸으로 통일장을 이루는 열반상을 '대반열반'이라 했습니다.

그러므로 세존은 세간법과 출세간법과 최상승법까지도 모두 한 몸으로 통일장을 이루셨기 때문에 세존의 불가사의한 열반상을 무여열반(無餘涅槃)이라고도 합니다.

그러므로 제불은 끝없이 윤회를 하는 중생들의 죽음이나 식심이 없어진 소과들의 열반과는 판이하게 다릅니다. 소과의 열반은 사상으로 구족된 자신의 신심이 소멸되어 없어진 진공묘유의 공적한 자리일 뿐입니다.

다만 보살들은 아직 대반열반상은 성취하지 못했기 때문에 어떤 형태의 열반도 취하지를 않습니다.

다만 무생법인(無生法印)이라고 이름 하는 묘각의 빛 각성에 머물러 있으면서 생사(生死)와 열반(涅槃)의 세계를 자유자재로 출입하면서 일체중생과 성문 연각들을 도와줍니다.

하지만 일체 제불은 이미 삼신이 통일장으로 다 이루고 있으므로 불가설 불가설 대해탈의 대반열반(大槃涅槃)에 늘 상주해 계십니다.

그러므로 부처님이 없는 곳이 어디에도 있을 수가 없습니다. 이렇게 불가설 대불가설의 대무량의로 충만되어 있는 부처님의 열반상을 대반열반(大槃涅槃)이라 하고, 혹은 남음이 없는 열반이라고 해서 무여열반(無餘涅槃)이라고도 말합니다.

석가세존의 열반상은 두 그루 나무 사라쌍수와 그 앞에 흐르고 있는 강에서 세존의 대반열반의 지극한 의미(意味)와 심오한 무량의(無量義)를 느낄 수가 있습니다.

두 그루 나무 앞에 흐르고 있는 강은 세간법을 의미하고, 두 그루 나무는 출세간법과 최상승법을 뜻하고 있습니다.

그러므로 세존은 지금 강과 두 나무 사이에 편안히 앉아서 『대반열반경』을 설하고 계십니다. 바로 이 장엄한 모습이 곧 대반열반상이 되고 있습니다.

그러므로 세간법의 모체가 되고 있는 강물과 같은 저 여인들 때문에 "나는 열반에 들지를 않는다." 가장 난해한 말씀의 기록이 지금 이 경문에 있습니다.

저 강물처럼 생을 두고 밑으로만 흐르는 여성들의 고달픈 아픔을 구제하기 위하여 열반에 들지를 않겠다고 하셨습니다.

지금 막 법신, 보신, 화신 삼신이 하나의 반반한 쟁반처럼 통일장을 이루는 대반열반으로 몰입하시면서 여성들을 구제하기 위해서 열반에 들지를 않겠다고 하신 말씀입니다.

이렇게 심심 미묘한 불세존의 불가사의한 무량의의 철리를 누가 감히 상상이나 할 수가 있겠습니까.

그래서 필자는 언어나 문자에 담겨 있는 의미(意味)를 뜻하는 의(意)와 묘각의 무량의(無量義)를 뜻하는 의(義)의 각별한 뜻을 여기서 한 번 더 밝히고 넘어가야겠습니다.

특히 『대반열반경』에서는 문자와 언어에 숨어 있는 의미를 뜻하는 의(意)와 무량의를 뜻하는 의(義)를 제대로 알지 못하면 특히 지금 이 『대반열반경』을 볼 수가 없습니다.

그래서 수준급 불자라 해도 『열반경』을 제대로 읽어 본 분들이 잘 없습니다.

절에 큰 법당의 이름을 대적광전(大寂光殿)이라 했습니다. 그 법당의 의미로는 '거룩한 빛으로 장엄한 전당'이란 뜻입니다. 대적광전(大寂光殿)을 무량의 철리로 보면 법·보·화 삼신불이 통일장을 이룬 대반열반

(大槃涅槃) 실상(實相)의 전당이란 뜻[義]입니다.

"불교는 너무 어렵다."고들 말합니다. 그 이유는 음서(音書)가 아닌 뜻[義] 글자로 모든 경전이 기록이 되어 있기 때문입니다.

우리가 항상 느끼고 생각하는 의미(意味)를 쉽게 전달하는 쉬운 문자는 음서(音書)입니다. 누구나 알기 쉬운 음서가 아니고 우주만물의 철리뿐만이 아니고 육감으로 깨닫는 각성의 성리까지도 잘 전달을 해주는 영감의 문자가 있습니다. 그 문자(文字)는 상형문자(象形文字)인 한문(漢文)입니다.

뜻[義]글자라 하는 한문(漢文)으로 모든 경전이 기록이 되어 있습니다. 그렇기 때문에 필자처럼 의미를 뜻하는 의(意)와 무량의를 뜻하는 의(義)를 잘 이해하지 못하고는 불경(佛經)을 볼 수가 없습니다.

지금 세상에는 유·무식을 막론하고 언어나 문자 속에 담겨져 있는 의미(意味)를 뜻하고 있는 의(意)와 무량의(無量義)의 철리(哲理)를 뜻하고 있는 의(義)가 무엇인가를 전연 모릅니다.

언어나 문자의 생명은 의(意)와 의(義)입니다. 그런데 의(意)와 의(義)의 각별한 철리를 생각지도 못하고 들 있습니다.

그러므로 필자가 말하는 의미의 의(意)는 달을 가리키는 손가락일 뿐입니다.

바로 그 손가락을 떠나서 실제로 공중에 떠 있는 달을 보자면 언어나 문자 속에 담겨져 있는 무량의(無量義)의 철리(哲理)를 볼 줄을 알아야 합니다.

그런데 의(意)나 의(義)를 우리말로는 보통 '뜻'이라 합니다. 하지만 한자(漢字)로는 그 '뜻'이란 말의 정의를 의(意)와 의(義)로 분명히 달리 쓰고 있습니다.

그래서 필자는 '뜻'이란 말의 정의를 쉽게 한자를 파자로 풀어서 이해를 돕고 있습니다.

의(意) 자를 파자로 풀면 '입왈심(立曰心)'이 됩니다. 그 의미의 뜻(意)을 우리말로 풀면 '식심(識心)'으로 정리된 생각'을 의미합니다.

하지만 무량의(無量義)를 뜻(義)하는 의(義) 자를 파자로 풀면 '팔왕아(八王我)'가 됩니다.

무엇을 '팔왕아(八王我)'라 하는가?

의(義) 자 두부에 팔(八) 자의 뜻은 팔부정(八否定)으로 일어난 상(常), 낙(樂), 아(我), 정(淨)을 뜻합니다. 그러면 무엇을 팔부정이라 하는가?

항상한 상(常)은 생멸(生滅)을 여의었고

환희의 낙(樂)은 좋고 나쁜 호오(好惡)를 여의었고

진정한 나(我)는 자타(自他)를 여의었고

어떠한 형상도 없는 무상의 정(淨)은 청탁(淸濁)을 여의었음을 뜻합니다.

그러므로 저 의(義) 자의 뜻을 철리로 보면 깨달음인 묘각(妙覺)의 실상(常樂我淨)을 은유 묘설한 문자가 되고 있습니다.

이와 같이 언어문자에 숨어 있는 의(意)와 의(義)의 불가사의한 뜻 때문에 바로 지금 여기 이 『열반경』 문자품에서 세존께서는 언어와 문자의 생원과 그 언어 문자의 뜻 의(意)와 의(義)는 곧 여래장(如來藏)이 되고 있음을 밝혀 두셨습니다.

이 세상에 있는 모든 언어와 문자와 주술과 논술은 모두 부처님이 창제를 하신 것이요 저 외도나 세속의 식자들이 만든 것이 아니라고 하셨습니다.

그리고 모든 음서(音書)는 자음과 모음인 14음이 서로 교감이 되면서 만들어진 구강억양상형문자(口腔抑揚象形文字)라 하셨습니다.

그리고 문자(文字)에는 완자(完字)가 있다고 말씀을 하셨습니다. 완전(完全)한 글자란 뜻으로 말씀한 그 완자(完字)는 다름 아닌 한문(漢文)입니다.

중국의 한문학자이신 허신(許愼) 선생은 한문의 철리를 육서로 밝히고 그분이 밝혀 놓은 자전(字典)에는 한문 글자의 수가 9353자나 됩니다.

그러므로 한문 글자에는 우주의 물리나 만물의 성리뿐만 아니고 중생의 심리와 깨닫고 아는 각성(覺性)

까지도 그 많은 글자에 자설이 되어 있습니다.

　필자는 한문의 철리를 무량의(無量義)라 하고 그 무량의(無量義)의 뜻[義]을 세존은 여래장(如來藏)이라고 정의를 해 두셨습니다.

　필자가 지금부터 의(意)와 의(義)의 성리와 철리가 같고 다른 점을 실례로 이해를 돕겠습니다.

　우리가 한글이나 영어로 '어머니', '아버지'라고 말이나 문자로 기록을 했을 때 그 언어를 기록한 글자의 의미[意]로는 나를 직접 낳아 길러주신 부모님을 뜻[意]합니다.

　그런데 무량의의 철리를 기록한 뜻[義]글자 한문(漢文)으로 부모(父母)라 했을 때 그 철리는 곧 무량의(無量義)가 됩니다.

　어째서 그러냐 하면 부모(父母)라고 쓴 한문(漢文) 글자에는 부모님들이 갖추고 있는 지혜와 그 덕망을 문자(文字) 자체가 무량한 뜻을 자설(字說)하고 있기 때문입니다. 그래서 한문(漢文)은 소리글이라 하는 음서(音書)로는 상상을 못하는 문자의 철리가 있습니다. 그 철리의 법도를 중생의 육감으로 한 글자에다 모은 것을 한문에서는 육서(六書)라 합니다.

법전(法典)에는 육하원칙(六何原則)이 있듯이 한문글자에는 육서가 있습니다. 그 육서의 철리를 한데 모은 아비 부(父) 자의 뜻풀이는 다음과 같습니다.

여러 가지 의미를 한데 모은 회의문자(會意文字)인 부(父) 자를 일단 파자로 풀어보면 다음과 같은 해설이 나옵니다.

부(父) 자의 두부(頭部)에는 팔(八) 자가 있습니다. 그 팔(八) 자는 팔정도(八正道)를 뜻하고 있습니다.

그리고 그 팔(八) 자 밑에 있는 글자는 무성한 잡초를 베어 버린다는 뜻을 가진 베일 예(乂) 자입니다. 그러므로 저 아버지라고 하는 아비 부(父) 자 무량의(無量義)의 뜻은

첫째 바르게 보는 정견(正見),

둘째 바르게 생각하는 정사(正思),

셋째 바른말을 하는 정어(正語),

넷째 바른 직업을 가지는 정업(正業),

다섯째 바르게 사는 정명(正命),

여섯째 바르게 정진하는 정근(正勤),

일곱째 바르게 생각하는 정념(正念),

여덟 번째로는 고달픈 심신의 번민을 소멸시키는 바른 참선을 정정(正定)이라 합니다.

이것이 아비 부(父) 자의 무량의(無量義)의 철리(哲理)입니다. 그러므로 천국의 아버지든 범부중생의 아버지든 만고에 아비 된 자들은 절대로 팔정도가 아닌 것은 가차 없이 모두 다 베어 버릴 줄을 아는 엄격한 위엄과 품위를 반드시 갖추어야만 진정한 아비가 될 수가 있는 것입니다.

그리고 다음은 어미 모(母) 자 무량의(無量義)의 철리(哲理)입니다.

중생의 육감을 다 입력시켜 놓은 상형문자(象形文字)인 어미 모(母) 자의 자상(字相)에서 사각에 가로금이 있는 것은 가슴을 앞뒤로 묶은 횡격막을 뜻합니다. 물론 여성들의 경우는 젖가슴을 앞뒤로 묶은 브래지어를 뜻합니다.

그 가로금 상하로 두 개의 점은 여성들의 젖꼭지를 의미합니다.

또한 사각(四角)의 글자 안에 두개의 점은 한문에서 숫자로 쓰고 있는 넉 사(四) 자를 의미하기도 합니다. 실제로 어미 모(母) 자에 상하로 두 개의 점은 어머니들의 젖꼭지입니다.

그 두 개의 유두를 하나로 내리긋게 되면 있을 것이 없다는 뜻의 없을 무(毋)가 됩니다.

그러므로 어미 모(母) 자 무량의(無量義)의 철리(哲理)는 사무량심(四無量心)을 가진 어머니들의 가슴이 되고 있습니다.

사무량심(四無量心)은 자(慈), 비(悲), 희(喜), 사(捨)를

말합니다. 우리 어머니들은 항상 높이 우러러보고 아랫사람을 굽어보는 자비심(慈悲心)이 있습니다. 또한 항상 신(身)·명(命)·재(財)를 아낌없이 베풀 줄 아는 희사심(喜捨心)이 있습니다.

아, 보라. 이렇게 우리가 쓰고 있는 언설 문자에는 육감으로 느끼는 의미(意味)를 마음대로 묘사할 수가 있는 구강억양상형문자(口腔抑揚象形文字)인 음서(音書)가 세계만방에 가득 합니다.

아, 보라. 보다 수승한 인류의 두뇌를 저 깨달음의 각성 세계로 확장시켜주는 한문(漢文)이 있습니다. 한문(漢文)은 우주의 물리와 고등 심리학으로 만들어진 상형문자(象形文字)입니다. 그러므로 한문에는 무량의(無量義)의 철리(哲理)가 무진장합니다.

그러므로 문자에는 중생의 육감을 마음대로 굴릴 수가 있는 구강억양문자(口腔抑揚文字)인 음서(音書)도 있어야 합니다.

보다 수승한 무량의(無量義)의 철리(哲理)를 마음대

로 기록할 수 있는 상형문자(象形文字) 한문(漢文)은 더 말할 나위도 없습니다.

이번 기회에 필자가 꼭 묻고 싶은 질문이 하나 있습니다.

세종대왕 때 우리말, 우리글을 그토록 미치게 싫어했던 학자들에게 묻는 질문입니다.

정말로 육감을 마음대로 굴릴 수 있는 구강억양문자(口腔抑揚文字)인 음서(音書)의 심심 미묘한 의미(意味)인 의(意) 자를 아십니까?

또 그토록 뜻[義]글이라고 좋아서 호들갑을 떨었던 대신들 중에서 특히 황희 정승에게 묻습니다. 누구보다도 필자가 사랑했던 황희 대감에게 묻습니다.

대감님, 한문(漢文)의 무량의(無量義)인 철리(哲理)의 의(義) 자를 정말로 알고 계셨단 말씀입니까?

한글은 불경에 다 있습니다. 그래서 스님이신 신미 대사가 세종대왕을 도와서 한글을 창제하셨던 것입니다.

그러면 하나 더 물어 봅시다. 중국 사람들은 우리가 아는 뵈울 학(學) 자를 중국화음(中國華音)으로 '시에'라 합니다. 중국에도 분명 화음(華音)이란 음서(音書)가 있습니다.

그런데 제 나라 제 말소리를 그토록 싫어하면서 어째서 조선의 유학도들은 뵈울 학(學) 자를 중국말 '시에'로 읽지를 않고 우리말 배울 학(學) 자로 왜? 읽고, 왜? 외웠습니까?

의(意)와 무량의(無量義)의 철리(哲理)를 뜻하는 의(義)가 무엇인가를 다시 한 번 더 예로 이해를 돕겠습니다.

뵈울 학(學) 자를 의미(意味)로 보면 보고 배워서 익힌다는 뜻입니다. 무량의(無量義)의 철리(哲理)로 보면 다음과 같습니다.

학(學) 자의 두부에 있는 글자는 만물의 영장인 사람의 두 뇌의 생태를 그대로 도설한 글자입니다. 그래서 좌변에 있는 글자는 좌뇌의 구조를 도설한 글자이고 우측에 있는 글자는 무의식계를 도설한 우뇌의 생태학입니다. 또 중간에 있는 글자는 이쪽저쪽을 교감시키는 잠재의식계인 간뇌를 형설한 글자입니다.

그리고 그 밑에 가로 그은 글자는 밀어 버린다는 뜻의 밀 멱(冖) 자입니다.

그 밑에 아들 자(子) 자는 마음의 속성인 의식, 잠재의식, 무의식을 싹 밀어 버린 성자를 뜻합니다.

아, 보라. 동양의 성자 노자(老子), 공자(孔子), 장자(莊子)를. 그들은 이미 마음의 속성인 의식, 잠재의식, 무의식을 몽땅 다 싹 쓸어버린 분들입니다.

저 성자들은 자신의 내면에 밝게 깨어 있는 묘각의 빛을 본 분들입니다.

세존의 제자 중에도 자(子) 자가 붙은 분이 세 분이 계십니다. 다름 아닌 사리자(舍利子), 수보리자(須菩提子), 부루나미다라니자(子)입니다.

세존은 모든 문자나 언어에 의(意)와 의(義)의 뜻은 모두 여래장(如來藏)이라고 말씀을 하셨습니다.

그러므로 경전을 번역이나 해설을 하는 역경사(譯經師)들은 반드시 언어문자의 생명인 의(意)와 의(義)의 철리를 반드시 깨닫고 있어야만 합니다.

실제로 의(意)와 의(義)를 깊이 깨닫고 있는 사람은 같은 경문이라도 그 번역이나 해설이 판이하게 다릅니다.

실례로서 즉심시불(卽心是佛)이란 불교 집안에 상투용어가 있습니다. 이 법어를 의미(意)로 풀면 '곧 마음이 부처다'란 뜻이 됩니다. 그러나 무량의(無量義)인 의(義)로 풀면 '마음을 직관하는 자가 부처다'란 뜻이 됩니다.

자신의 마음을 직관(直觀)하는 자가 부처란 뜻은 고등동물인 사람만은 뉘나 없이 자기 자신의 몸과 마음을 환히 다 깨닫고 다 압니다.

마치 맑고 밝은 거울에는 삼라만상이 속속들이 다 드러나는 것처럼 명경과 같은 묘각의 각성인 불성은 자신의 신심을 환히 다 드러내어 보여 줍니다.

이렇게 두루 다 깨닫고 두루 다 앎을 빈틈없이 다 드러내어 보여주는 자가 곧 바로 청정묘각(淸淨妙覺)인 부처입니다.

아, 보라. 같은 법어의 문장이라도 그 문장의 내용을 의미인 의(意)로 푸느냐, 무량의인 의(義)로 해설을 하느냐에 따라서 그 논설의 뜻이 이렇게 다릅니다.

그래서 세존은 수도 없이 같은 말씀을 하셨던 것입니다. 언설 문자나 모든 경전도 저 공중에 떠 있는 달을 가리키는 손가락이라고 말입니다.

세존이 말씀하신 손가락 끝의 달은 마음 저쪽에 밝게 깨어 있는 묘각의 각성을 뜻하고 있습니다.

그런데 문제는 자신의 내면에 밝게 깨어 있는 묘각의 각성을 은밀히라도 느끼고는 있어야 합니다. 그런데 느끼기는 고사하고 사념망상인 식심을 물어 씹고들 있습니다.

그래서 지금 필자는 운허 스님께서 이미 우리말로 쉽게 잘 해설해 놓으신 『대반열반경』을 새롭게 편찬을 할 이유가 없음을 알았습니다.

　다수의 불자들은 우리말 우리글로 쉽게 풀어 놓은 한글대장경도 너무 어렵다고들 합니다. 그래서 필자가 경문 내용의 뜻을 의(意)와 의(義)로 풀어서『대반열반경』을 좀 더 수월히 납득이 되도록 보는 지혜를 설해 둡니다.

　　　　　　　　　　　　　　　　　　　　안녕

12

월상관(月相觀) 일상관(日相觀)

지금 필자도 나의 아버지 어머니가 지극히 좋은 지락의 성행위를 통해서 지금 나를 낳아서 이 세상에 있게 했습니다.

　그러므로 지금 필자도 더 이상 없는 지락은 성행위 밖에는 아무것도 없습니다.

　그래서 지금 내 몸에서 시도 때도 없이 심란하게 설치는 성욕의 고뇌를 숨기고 감추는 성추행의 미덕이 좀 있을 뿐입니다. 팔십 고령인데도 말입니다.

　그런데 말입니다.

　어째서 그렇게도 좋은 보지(保指), 자지(自指)를 왜?

그렇게도 숨기고 감춥니까? 지금 이 노구가 보지(保指), 자지(自指)란 성기의 고유명사를 직설주왈했다고 해서 유감이 있다면 지금 당장 이 늙은이에게 반문을 해 보세요? 혹 유감이 있다면 하나만 물어 보겠습니다.

정말로 그대는 제 손가락을 가지고 제 성기를 달래 준 자위행위를 한 번도 한 일이 없었단 말입니까?

필자는 어릴 때부터 풀리지 않은 의문이 딱 한 가지가 있습니다. 그것은 자신의 후손이나 제자들에게는 거짓말하지 말라 꾸짖고는 부모와 스승은 거짓말을 밥 먹듯이 합니다.

그 첫째 큰 거짓말이 자지(自指), 보지(保指)입니다.

왜? 그렇게들 좋아하면서 어쩌자고 끝없이 숨기고 감추고 살아야 합니까?

그렇다면 하다못해 지성들의 가면심리로 포장을 잘 시켜놓은 도덕성인 존엄성이나 남녀유별인 성윤리가 지금 이 세상에 있단 말씀입니까?

종교가 그렇게도 엄하게 다스린 성의 신비인 해맑은 혜명이라도 맛보았습니까?

아니면 보다 높은 성 초월의 깨달음이라도 얻은 분이 혹 있었습니까?

지금 대국들은 달나라 가는 재주를 자랑들 합니다. 코로나한테도 꼼짝을 못하면서 이제 그만들 하세요. 세상 웃기는 얘기는 다 집어 치워야 합니다. 누가 뭐래도 이제 제 몸에 붙어 있는 자신의 성기로부터 해방 없이는 어딜 오고가나 다 지옥입니다.

그래서 필자는 일찍이 『배꼽 밑에 지혜의 등불을 밝혀라』란 책에서 성 초월로 가는 명상 기법을 잘 밝혀두기도 했습니다.

지금 여기서 거듭 조금 밝혀 두겠습니다.

지금 유식한 석·박사들이 공자나 석존과 예수님이 무섭게 다룬 금욕계를 예사로 무시를 하고들 있습니다. 일주일에 한 번 씩은 섹스를 해야 건강하다는 등 이런 미친 망어를 함부로 하고들 있습니다. 이 같은 망어의 업보만 가지고도 50초 후에 숨이 막 떨어지기 무섭게 삼악도(三惡道)로 직행을 합니다.

생각들 좀 해보세요. 성홍인 오르가슴의 황홀이 번갯불처럼 지나고 나면 전신만신은 파김치가 되고 혼미한 정신 상태는 먹장 같음을 평생 경험하고도 짐짓 이상한 헛소릴 함부로 하시렵니까?

심지어 교단에 선 스승이요 애비 어미란 성인들마저도 배꼽 밑의 사정으로 살고들 있습니다. 이 같은 범부중생은 다 덮어두고 지금 필자는 내 직손들에게 올리는 지혜입니다.

견물생심(見物生心)이란 고사성어가 있습니다.

누구나 맛 나는 음식을 보면 저절로 입에서 침이 생기고 여성의 희뿌연 허벅지를 보면 늙고 젊고를 막론하고 저절로 성적 스릴이 일어납니다.

다만 저 마음이 없어진 아라한을 제외하고는 지금 이 늙은 할배도 매양 한가지입니다. 아무리 나이가 많아도 마음은 조금도 늙지를 않는 청춘입니다.

그래서 지금 이 할배도 젊어서는 예쁜 촌색시를 곁에 두고 한 방안에서 같이 누워 자면서도 보고 싶은 몸을 절대로 보거나 옷깃을 건드리지도 않았지만 얼마나 성욕이 불같이 일어나는지는 숱하게 경험해 보았습니다.

다행히 불경(佛經)인 『관무량수경(觀無量壽經)』에서 극락세계를 연상 심리로 관하는 법을 깨달았습니다.

깨달았다는 말씀의 뜻은 실제로 부처님의 몸에서 나는 무량광을 보고, 실제로 극락세계의 광명장을 각성의 눈으로 보았다는 얘기입니다. 그리고 빛나는 예수님도 실제로 다 보았습니다. 이렇게 봄을 쉬운 우리말로 깨달았다 말하고 이렇게 봄을 지혜(智慧)라 합니다.

그러므로 지금부터 내 후손들은 어찌해서라도 성욕으로부터 반드시 해방이 되어야만 합니다.

그렇게 성 초월로 가는 지혜가 있습니다.

그것은 첫째, 실제로 뜨고 지는 달을 생각하는 월상

관(月相觀)입니다. 월상관(月相觀)의 민속놀이로는 고래로부터 보름달 구경을 하는 달맞이란 전통행사가 있습니다.

물론 뜨는 태양을 잘 관찰을 하라는 해맞이도 있습니다. 이 모두는 다 성 초월로 가는 월상관(月相觀)과 일상관(日相觀)을 하기 위한 민속놀이의 한 방편이었습니다.

일찍이 인도(印度)인들은 남녀간에 월상관(月相觀)과 일상관(日相觀)을 쉽게 하기 위한 방편으로서 양미간 사이에다가 붉은 점을 꼭 찍어놓고 있습니다.

후손들이여, 잘 들어보라. 수시로 느닷없이 달려드는 성적 흥분이 신심을 괴롭힐 때는 절대로 해서 아니되는 금계가 있습니다. 물론 할아버지가 만든 금계입니다.

"몸이 하고자 할 때는 마음이 들어주지를 말고 마음이 하고자 할 때는 몸이 들어주지를 말라. 그러면 그대는 자연히 심신이 쾌활하리라."

　무슨 얘기냐 하면 자연히 성적 흥분이 일어나면 제
스스로 손가락을 가지고 성기를 희롱합니다. 그때에
몸의 욕구를 마음이 들어주지를 말라는 뜻입니다.
　또한 마음이 하고자 할 때는 몸의 손이 마음의 욕구
를 들어주지를 말라는 뜻입니다. 하지만 다 쉽지를 않
습니다.
　그래서 꼭 열 번만 기도하는 마음으로 실천을 해보
라는 지혜가 바로 월상관(月相觀)과 일상관법(日相觀法)
입니다.
　처음 성흥이 일어날 때에는 결가부좌가 제일 좋습
니다. 그리고 보다 소중한 지혜는 숨 쉬는 호흡입니다.
자신의 코끝을 보고 앉아서 들숨 날숨을 하나로 해서
열까지 열 번 숨을 세고는 다시 하나로 시작하는 호흡
법입니다. 절대로 전문가들이 하는 단전호흡을 하면
안 됩니다.

그냥 자연스럽게 쉬고 있는 호흡을 그냥 자연스럽게 느끼기만 하면 됩니다. 이렇게 호흡을 30번을 세고는 가장 중요한 지혜는 자신의 미간에다가 정신을 집중해야 합니다. 정신 집중을 할 때에 처음에는 떠오르는 둥근 밝은 달을 생각해야 합니다. 그 밝은 달이 자신의 미간에서 바로 떠오르고 있다고 꼭 생각을 해야 합니다.

수승한 사람은 단박에 실제로 저 공중에 떠오르는 실제의 달이 자신의 미간에서 떠오르는 모습을 그대로 체험을 할 수가 있습니다.

만약 자신의 미간에서 달이 떠오르는 모습을 본 사람은 이미 자신의 신심을 무척 괴롭히던 성욕은 찰나에 온데간데없음과 동시에 심신이 절로 편안해지면서 절로 만신이 상쾌해집니다.

다음은 태양을 달처럼 자신의 미간에서 떠오름을 실제로 해 떠오름의 모습을 그대로 관하는 지혜입니다.

이렇게 하기를 열 번만 꼭 해 보세요. 꼭 열 번이란

말씀의 뜻은 성흥이 일어날 때마다 절대로 자위행위인 수음이나 성교를 대금하란 말입니다.

후손들이여! 반드시 실천 봉행을 해보라. 만약 죽기 아니면 살기로 단 열 번만 꼭 실천을 해 보라. 그러면 반드시 오리라. 그 어느 날 자신도 몰래 대환희의 눈물을 머금고 대명한 광장에서 두둥실 춤추는 그대를 보리라.

안녕

2021년 1월 천명일 합장

漢文을 바로알자

초판 1쇄 발행 2021년 4월 10일

지은이 | 천명일
펴낸이 | 이의성

펴낸곳 | 지혜의나무
등록번호 | 제1-2492호
주소 | 서울시 종로구 관훈동 198-16 남도빌딩 3층
전화 | (02)730-2211 팩스 | (02)730-2210

ⓒ천명일

ISBN 979-11-85062-37-2 03220